Let's Fill This World with Kindness © 2023 Thames & Hudson Ltd, London
Text © 2023 Alexandra Stewart
Illustrations © 2023 Jake Alexander

First published in the United Kingdom in 2023 by
Thames & Hudson Ltd, 181A High Holborn, London WC1V 7QX
All rights reserved.

This Korean edition was first published by **Bookstory** in **2024** by arrangement with **Thames &Hudson, London** through **Hobak Agency**.

이 책은 호박 에이전시(Hobak Agency)를 통한 저작권자와의 독점계약으로 북스토리(주)에서 출간되었습니다.
저작권법에 의해 한국 내에서 보호를 받는 저작물이므로 무단전재와 복제를 금합니다.

다정함으로 세상을 바꿔요

알렉산드라 스튜어트 글
제이크 알렉산더 그림
신소희 옮김

북스토리

Contents

7　머리말
　　온 세상을 다정하게 만드는 방법

CHAPTER 1
다정함의 과학
9　다정함이 최고의 약
10　꼬리에 꼬리를 무는 다정함
12　다정함의 근육 만들기
13　생각해 보아요

CHAPTER 2
박해에 맞서는 다정함
15　세상에서 가장 선한 도시
　　프랑스의 르 샹봉 쉬르 리뇽
19　자유 지하 철도
　　미국의 해리엇 터브먼
21　아파르트헤이트와 싸우다
　　남아프리카공화국의 애들렌과
　　월터 헤인
25　생각해 보아요

CHAPTER 3
선입견에 맞서는 다정함
27　성소수자의 인권을 위해
　　독일의 마그누스 히르슈펠트
30　장애인과 함께하는 세상
　　아일랜드의 시네이드 버크
33　흑인 혐오와 KKK단에 말을 걸다
　　미국의 대릴 데이비스
35　생각해 보아요

CHAPTER 4
전쟁 중의 다정함
37　구름 속의 우정
　　독일의 찰리 브라운과
　　프란츠 슈티글러
40　적십자
　　스위스의 앙리 뒤낭
42　시레트의 고아들
　　루마니아의 시레트
45　생각해 보아요

CHAPTER 5
재난 앞에서의 다정함
47　타이타닉 호의 헌신적인 사람들
　　영국의 해럴드 로우,
　　여러 승객과 승무원
49　수천 명을 받아들인 마을
　　캐나다의 갠더
51　동일본 대지진
　　일본의 후쿠시마
53　생각해 보아요

CHAPTER 6
병마와 싸우는 다정함
55　공포를 이긴 연민
　　미국의 남성 동성애자
　　건강 위기 지원센터,
　　영국의 다이애나 황태자비
58　특별한 의사 선생님
　　프랑스의 하센 부샤쿠르와
　　페요 박사
61　이름 모를 사람들의 도움
　　오스트레일리아의 설리 놀런
63　생각해 보아요

CHAPTER 7
스포츠에서의 다정함

- 65 올림픽 정신
  미국의 제시 오언스와
  독일의 루츠 롱
- 67 다정함의 승리
  케냐의 아벨 무타이와
  스페인의 이반 페르난데스 아나야
- 69 여성들의 자매애
  뉴질랜드의 니키 햄블린과
  미국의 애비 다고스티노
- 71 생각해 보아요

CHAPTER 8
지구에 대한 다정함

- 73 바닷가에서 플라스틱을 줍다
  인도의 아프로즈 샤
- 75 햄버거 대기업과의 싸움
  영국의 엘라와 케이틀린 매큐언
- 77 기후를 위해 법정에 서다
  오스트레일리아의 안잘리 샤르마
- 79 생각해 보아요

CHAPTER 9
동물을 향한 다정함

- 81 곰 구조대
  이탈리아의 살비아모 로르소
- 84 수염수리 키우기
  스페인의 알렉스 요피스 델
- 87 생각해 보아요

CHAPTER 10
다정한 관습들

- 89 이란
  친절의 벽
- 90 일본
  오모테나시
- 92 인도네시아
  세상에서 가장 인심 좋은 나라
- 94 이탈리아 나폴리
  카페 소스페소
- 95 우분투
  아프리카의 여러 나라
- 97 영국 런던
  다정한 지하철
- 99 생각해 보아요

- 100 결론

- 102 맺음말
  나 자신에게 다정하기

- 104 다정함을 가르친 위인들

- 114 용어 설명

- 119 참고 자료

머리말

온 세상을 다정하게 만드는 방법

우주에 사는 외계인이 지구로 와서 뉴스 채널을 튼다고 상상해 봐요. 무엇을 보게 될까요?

인간의 외모와 몸집이 다양하다는 걸 볼 수 있겠지요. 어떤 인간은 이상한 벽돌 상자 안에 살고 또 어떤 인간은 바퀴 달린 알록달록한 기계를 타고 길게 줄 지어 움직인다는 것도요. 하지만 그보다 더 슬픈 사실도 알게 될 거예요. 지구가 점점 더워지고 있고 여러 생물이 멸종되고 있다는 것을요. 게다가 가난한 사람은 더 가난해지고 부자는 더 부유해지며, 여러 나라가 서로 다투고, 나쁜 사람은 처벌받지 않고서 무사히 빠져 나간다는 사실도 알게 되겠지요. 뉴스가 끝날 무렵에는 좀 더 즐거운 소식이 나올지도 모르지만, 그때쯤이면 겁이 난 외계인이 우주선을 돌려 고향으로 날아갔을 거예요.

이 모든 파멸과 암울함 앞에 외계인은 지구가 다정함을 모르는 땅이라고 믿어 버리기 쉽겠지요. 하지만 다행히도 그렇지 않습니다. 주위를 둘러보면 무수한 인류애와 다정함의 사례를 볼 수 있지요. 그 모두가 정말로 경이롭답니다.

이 책을 보면 인간은 원래 선하다고 말하는 이유를 알 수 있을 거예요. 여러분처럼 평범한 인간이지만 더 나은 세상을 만드는 데 기여한 아이와 어른을 만나 볼 거예요. 그리고 다정함이 항상 '상냥함'만은 아니라는 사실도 깨닫게 될 거예요. 다정함은 때로는 용기이고, 때로는 결단력이며, 언제나 다른 사람에게 힘이 된답니다.

그럼 지금부터 온 세상을 다정하게 만들어 갈 방법을 알아볼까요?

CHAPTER 1

다정함의 과학

다정함을 몇 마디로 설명한다면 뭐라고 해야 할까요? 여러분도 한번 생각해 보세요!

생각보다 어렵죠? 그건 다정하게 행동하는 방법이 무척 다양하기 때문이에요.

다정함이란 다른 사람을 상냥하게 대하고 너그럽게 배려하는 것이에요. 그 사람에게 뭐가 필요한지 알아차리고 귀 기울이고 보살피고 도우려 노력하는 것이지요. 대가를 바라지 않고 베푸는 것이고요.

인간은 아주 오래전부터 다정함의 언어를 이해해 왔어요. 실제로 과학자들은 인류가 이렇게 번성한 비결이 친구와 가족뿐만 아니라 낯선 사람에게도 다정하게 대할 수 있기 때문이라고 생각한대요.

왜냐고요? 인간은 집단을 만들고 **사회**를 이루어 협동해 왔는데, 바로 그 점이 인간의 생존과 번성에 도움이 되었거든요. 우리는 서로를 보살피고, 새로운 아이디어를 나누고, 난관에 함께 맞설 때 최고의 능력을 발휘해요.

다정함이야말로 인간의 초능력이지요.

다정함이
최고의 약

다정함은 이처럼 인류 전체의 번성에 도움이 되었지만, 그뿐만 아니라 개인의 일상생활에도 유익하답니다. 여러분도 누군가에게 다정하게 대하면 어떤 기분이 드는지 알 거예요.

온몸에 훈훈한 온기가 퍼지고, 마음이 개운해지며, 발걸음도 한결 가뿐해지는 느낌이 들지요. 이런 결과는 과학적으로도 설명할 수 있답니다!

과학자들은 우리가 다정하게 행동하면 몸과 마음에 여러모로 놀라운 영향을 미치는 화학 물질들이 뇌로부터 나온다는 사실을 발견했어요.

신경 전달 물질과 **호르몬**이라고 하는 이 절묘한 화학 **물질**들은 우리의 기분을 좋게 하고, 다른 사람들과의 유대감을 다져 주며, 기운도 북돋워 줘요. 그뿐만 아니라 놀랍게도 우리가 더 오래 살 수 있게 하지요!

믿기지 않겠지만 사실이에요. 미국의 과학자들이 성인 1만 3000명을 대상으로 연구한 결과, 규칙적으로 자원봉사를 하며 남을 돕는 사람이 더 오래 행복하고 건강하게 산다는 사실이 밝혀졌거든요.

CHAPTER 1

꼬리에 꼬리를 무는
다정함

가장 놀라운 부분은요, 몸속에서 신경 전달 물질과 호르몬이 나오기 시작한 사람은 기분이 무척 좋아져서 또다시 다정하게 행동할 가능성이 높다는 거예요. 그러면 더 많은 화학 물질이 분비되고, 이런 현상이 계속되면서 어느새 그 사람은 다정함의 연쇄 작용을 겪게 되지요.

이런 연쇄 작용은 다정하게 행동하는 사람만 겪는 것이 아니에요. 다정한 대접을 받거나 그런 행동을 목격하기만 해도 화학 물질이 분비될 수 있거든요. 물론 다정하게 행동한 당사자만큼 강력하지는 않겠지만 그래도 비슷한 효과가 나타나요. 그렇다면 어떻게 될지 짐작할 수 있겠지요. 네, 맞아요! 다정한 대접을 받거나 목격한 사람의 몸속에서 화학 물질이 움직이기 시작하면 그 사람에게도 다정하게 행동하려는 마음이 생겨요. 새로운 연쇄 작용이 시작되는 거예요!

다정함의 과학

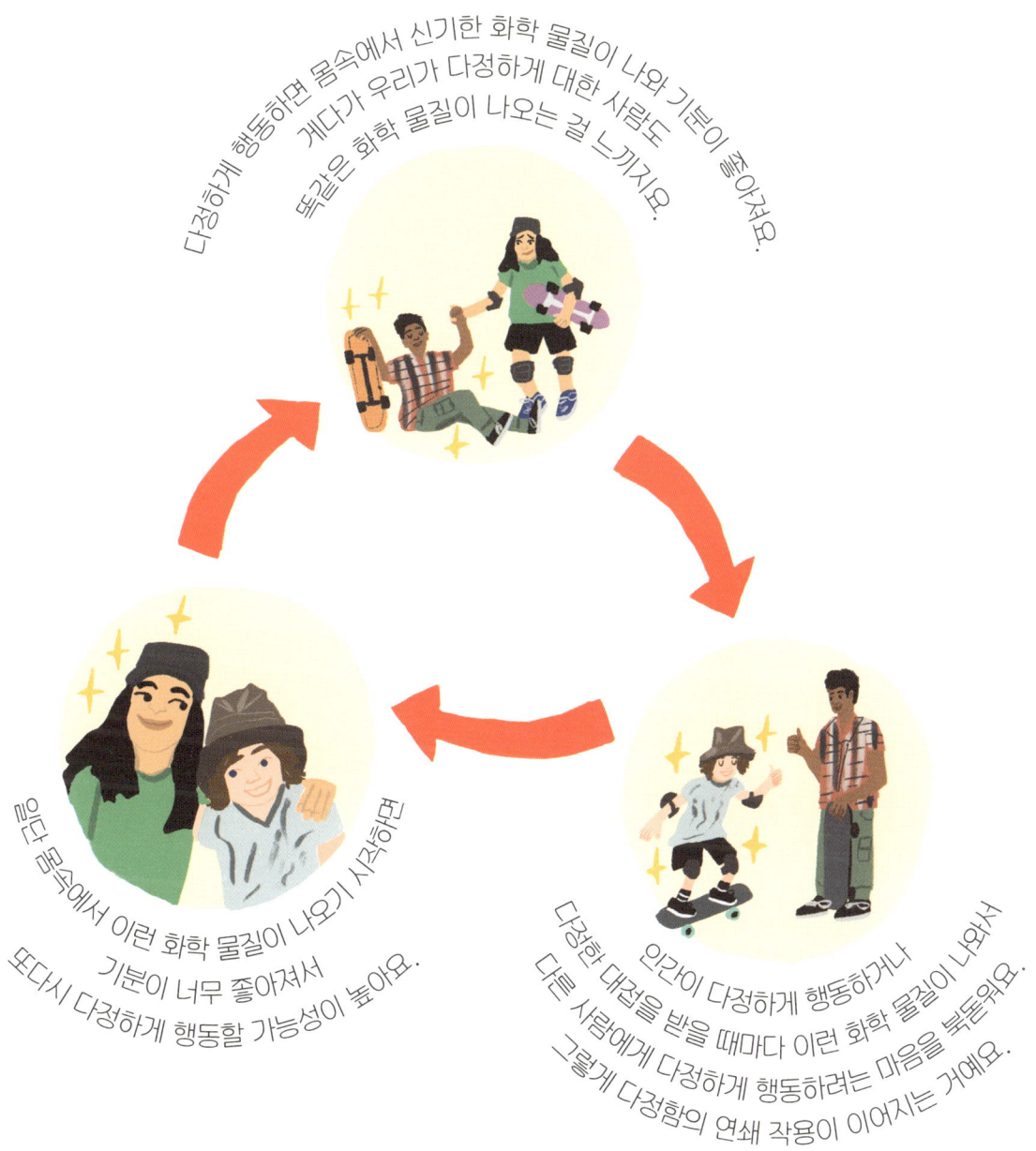

다정하게 행동하면 몸속에서 신기한 화학 물질이 나와 기분이 좋아져요.
게다가 우리가 다정하게 대한 사람도 똑같은 화학 물질이 나오는 걸 느끼지요.

인간이 다정하게 행동하거나 다정한 대접을 받을 때마다 이런 화학 물질이 나와서 다른 사람에게 다정하게 행동하려는 마음을 북돋워요. 그렇게 다정함의 연쇄 작용이 이어지는 거예요.

일단 몸속에서 이런 화학 물질이 나오기 시작하면 기분이 너무 좋아져서 또다시 다정하게 행동할 가능성이 높아요.

CHAPTER 1

다정함의
근육 만들기

그렇다면 굳이 다정해지려고 노력할 필요 없이 온 세상에 흐르는 다정함의 물결에 올라타면 되겠네요? 유감스럽게도 그렇지 않습니다. 인간은 다정해질 수 있는 놀라운 능력을 가졌지만 종종 그 능력을 사용하지 않거든요.

때때로 우리는 마음속 걱정에 몰두한 나머지 남들의 존재를 알아차리지 못하지요. 그냥 괜히 기분이 나쁠 때도 있어요. 별로 다정하지 않은 사람에게 먼저 다정하게 대하기 어려울 때도 있고요.

다정해지는 것이 항상 쉽지는 않아요. 그렇기 때문에 노력해야 하는 거예요. 다정함은 매일 단련해야 하는 근육과 같아요. 근육을 키우고 단단하게 만들기 위해 애써야 해요. 근육은 많이 쓸수록 더 강해질 거예요.

이 책에서 만나 볼 사람들도 다정함의 근육을 처음부터 타고난 건 아니었어요. 모두가 힘들여 근육을 키우고 어려운 상황에서도 계속 단련했답니다.

생각해 보아요

1.
사람들이 서로를 다정하게 대해야 하는 이유는 무엇일까요?

2.
친구나 가족, 낯선 사람에게 다정하게 행동한 경험이 있나요?
그때 기분이 어땠나요?

3.
여러분은 오늘 어떤 행동으로 다정함의 근육을 단련할 수 있을까요?

CHAPTER 2

박해에 맞서는 다정함

다정함의 힘은 최악의 상황에서 가장 빛나게 마련이에요. 모두가 절망에 빠지고 목숨이 위기에 처할 때면 평범한 사람도 놀라운 행동을 보이곤 해요.

이 장에서는 박해당하는 이들을 돕기 위해 자신의 목숨을 포함해 그 무엇도 아끼지 않은 감동적인 사람들을 만나 볼 거예요. **박해**란, 특정한 집단이 인종이나 종교와 같은 이유로 부당하게 대우받는 것을 말해요. 단지 어떤 특성을 가지고 태어났다는 이유로 잔인한 폭력에 처하기도 하지요.

이 장에 소개된 사연들은 인간의 다정함이 잔혹한 상황에서도 절대 사라지지 않는다는 걸 보여 준답니다.

박해에 맞서는 다정함

세상에서 가장 선한 도시
프랑스의 르 샹봉 쉬르 리뇽

르 샹봉 쉬르 리뇽은 프랑스 남동부의 호젓한 소나무 숲과 초원 가운데 자리 잡고 있습니다. 작지만 인심은 넉넉한 마을이지요. **제2차 세계 대전**이 한창이던 암울한 시절, 이 마을의 한 공동체가 박해를 피해 도망치는 이방인 수천 명의 목숨을 구하려고 비밀 작전을 펼쳤습니다.

1940년 한겨울, 몹시 추운 어느 날 저녁이었습니다. 르 샹봉의 목사 앙드레 트로메의 아내 마그다는 열심히 집안일을 하고 있었어요. 하지만 모르는 사람이 현관문을 두드리는 바람에 일을 중단해야 했지요. 문을 열어

CHAPTER 2

보니 한 여성이 밤공기를 맞으며 구부정하게 서 있었습니다. 물에 흠뻑 젖은 초라한 신발을 신은 채 추위와 두려움에 떨고 있었지요. 마그다는 손님을 따뜻한 방 안으로 안내했고, 곧 그가 유대인이며 살해당할까 봐 두려워 도망쳤다는 사실을 알게 되었습니다.

당시 프랑스에서는 수천 명의 유대인 아이와 어른이 수용소로 보내졌고, 그곳에서 죽음을 기다렸지요. 그해 6월 나치 독일이 프랑스를 정복하고 유대인 말살 작전을 시작했기 때문이었어요. 유대인 말고도 집시, 동성애자, 신체 및 정신 장애인, 흑인 등 많은 집단이 나치 독일의 표적이 되었어요. 지금 마그다 집의 벽난로 옆에 앉아 있는 여성은 간신히 나치를 피해 탈출한 것이었습니다.

마그다와 앙드레는 조국의 끔찍한 상황에 경악하며 대담한 구출 작전에 나섰습니다. 그리고 마을 사람들에게도 동참해 달라고 요청했어요. 유대인을 보호하면 사형에 처해질 수 있었음에도 르 샹봉 주민들은 집, 학교, 호텔 등을 은신처로 제공하기로 했지요. 피난할 곳을 찾는 유대인 중에 부모를 잃고 헤매는 아이가 많다는 사실도 밝혀졌어요. 마을 사람들은 비밀 손님들을 위해 새로운 신분증을 위조했습니다. 피난민을 먹이고 입혀 주었으며 아이들은 학교에 다니게 했지요.

마을 사람들의 다정한 행동은 금세 입소문을 타고 농장에서 농장으로, 마을에서 마을로 전해졌습니다. 어느새 르 샹봉 주변의 다른 마을들도 구조 활동에 참여하게 되었어요. 마을 사람들의 선행 이야기가 퍼지면서 점점 더 많은 피난민이 도착했지요. 유대인뿐만 아니라 도움이 필요한 사람이라면 누구나 찾아왔어요.

르 샹봉과 주변 마을 사람들은 소리 없이 용감하게 힘을 모아 5,000명

CHAPTER 2

이상의 목숨을 구했습니다. 그중 하나였던 에릭 슈윔이라는 소년은 주민들의 다정함을 잊지 못했고, 80년 후 세상을 떠나면서 르 샹봉에 거액의 기금을 남겼어요. 이 마을 젊은이들이 더 잘살게 해 달라는 유언과 함께요.

오늘날 르 샹봉에는 그토록 많은 생명을 구해 낸 주민들의 다정함에 바쳐진 기념비가 당당히 서 있어요. 르 샹봉 주민들은 지금도 전 세계에서 찾아오는 난민과 이주자 들에게 쉼터를 제공하고 있지요. 조상들이 밝힌 다정함의 등불이 계속 환하게 타오를 수 있도록 다 함께 노력하고 있답니다.

자유 지하 철도
미국의 해리엇 터브먼

해리엇 터브먼은 1820년대 미국 남부 메릴랜드주에서 노예로 태어났습니다. 해리엇은 이루 말할 수 없는 잔인함과 드물지만 귀중한 다정함 속에서 인생의 첫 30년을 보냈습니다. 그러다 노예 제도가 폐지된 북부로 탈출한 이후에야 마침내 새로운 삶을 살아갈 수 있었지요.

1849년 해리엇은 **지하 철도**를 따라 자유를 향한 길고 위태로운 여정에 나섰습니다. 지하 철도는 진짜 철도가 아니라, 노예들이 북부로 탈출하는 비밀 경로와 은신처로 이루어진 체계였어요. 노예 제도에 강력히 반대하는 사람들이 지하 철도를 운영했습니다. '승객'에게 쉼터와 음식을 제공하는 사람들과 길을 안내하는 '차장'이 있었지요.

해리엇은 무사히 여정을 마쳤지만 곧 자신의 **자유**를 활용하여 다른 사람들도 자유로워지도록 돕기로 결심했습니다. 그리하여 온갖 위험을 무릅쓰고 남부로 돌아와 지하 철도 최초의 여성 차장이 되었어요.

해리엇은 적어도 열세 번 이상 메릴랜드주로 돌아왔고, 친구와 가족을 포함해 약 70명의 노예를 안전한 곳으로 인도했습니다. 차장 역할을 할 때마다 무장한 '노예 사냥꾼'들에게 붙잡힐 위험에 직면했지요. 만약 그들에게 붙잡혔더라면 목숨을 잃었을 겁니다. 그럼에도 해리엇은 침착함을 잃지 않았고, 승객을 잃어버린 적도 없었습니다.

1861년 **내전**이 발발했습니다. 노예 제도에 찬성하는 **남부 연합**과 노예 제도에 반대하는 **북부 연방** 사이에 일어난 전쟁이었어요. 해리엇도 전쟁

CHAPTER 2

터로 나갔습니다. 4년 동안 연방군의 요리사, 세탁부, 간호사로 복무하며 부상당한 군인과 탈주한 노예 들을 돌보았습니다. 사우스캐롤라이나주에서는 연방군을 이끌고 대담한 습격을 감행하여 약 750명의 노예를 해방시키기도 했지요.

 1865년 미국 정부가 공식적으로 노예 제도를 폐지했을 때 해리엇은 얼마나 기뻤을까요! 길고 파란만장한 삶을 산 해리엇은 1913년 뉴욕주 오번의 자택에서 폐렴으로 사망했습니다. 하지만 해리엇의 용감하고 다정한 행동은 여전히 사람들의 삶에 영향을 미치고 있어요. 해리엇의 이야기는 지금까지도 전 세계 여러 나라에 전해지면서 성별과 나이를 떠나 누구든 더 나은 세상을 만들 수 있다는 가르침을 준답니다.

아파르트헤이트와 싸우다
남아프리카공화국의 애들렌과 월터 헤인

애들렌과 월터 헤인은 1920년대 남아프리카공화국의 영국계 백인 가정에서 태어났습니다. 두 사람 모두 행복한 어린 시절을 보냈지만, 안락한 가정의 현관문 밖에는 무척이나 암울한 세상이 펼쳐져 있었어요. 남아공에서는 **소수자**인 백인이 흑인을 비롯한 유색인종보다 훨씬 많은 자유와 권리를 누렸습니다. 백인 통치자들이 만든 법 때문에 흑인은 투표를 할 수 없었고, 자유로이 여행할 수 없었으며, 특정한 일자리를 얻거나 원하는 곳에 사는 것마저 금지되어 있었지요.

1948년 남아공 정부가 **아파르트헤이트** 제도를 도입하면서 상황은 더욱 악화되었습니다. 아파르트헤이트는 남아공의 공용어인 **아프리칸스어**로 '분리'라는 뜻이에요. 수백 가지의 새로운 인종차별법이 시행되었지요. 법에 따르기를 거부한 사람은 체포되어 감방에 들어가거나 심지어 사형당하기도 했습니다.

남아공 흑인들은 잔인한 정권에 맞서 격렬하게 저항했어요. **아프리카민족회의(ANC)**라는 정당이 해방 투쟁을 주도했습니다. 정당을 만드는 데 참여한 젊은 흑인 변호사 넬슨 만델라는 훗날 아파르트헤이트 저항 투쟁의 중심이 되었지요.

끔찍하게도 남아공 백인들은 대부분 아파르트헤이트에 찬성했습니다. 하지만 아파르트헤이트에 경악한 백인도 있었어요. 애들렌과 월터도 그런 사람들 중 하나였지요. 주변의 고통을 보고 있을 수만 없었던 두 사람은

CHAPTER 2

직접 뛰어들기로 결심했어요. 아파르트헤이트 반대 운동가들의 위험한 활동을 지원하러 나선 거예요.

애들렌과 월터는 집에서 정치 모임을 주최하고 도망친 사람들을 보호했어요. 감방에 들어간 사람들을 면회하고 그들의 가족에게 식량을 보냈지요. 월터가 건축 사무소에서 일하는 동안 애들렌은 남아공 수도인 요하네스버그의 법원에 나가 피고인들을 지원했어요. 오랜 시간 후 유명한 판사가 된 어느 15세 소년은 재판이 있는 날마다 애들렌이 초코바를 가져다주었다고 회상했습니다. 흑인 소년이 평생 처음 경험한 백인의 다정함이었지요.

1962년 넬슨 만델라가 아파르트헤이트 반대 운동으로 체포되어 법정에 섰을 때, 애들렌은 날마다 만델라의 곁을 지키며 그를 지원했어요. 법정의 '백인 전용' 방청석에 홀로 앉아 있을 때도 많았지요. 매일 아침 넬슨은 법정에 도착하면 굳게 쥔 주먹을 들어 애들렌에게 인사했고, 애들렌도 똑같은 몸짓으로 **연대**를 표시했답니다.

애들렌과 월터는 이런 활동으로 많은 곤경을 겪었습니다. 체포되어 2주 동안 감방에 갇힌 적도 있었지요. 정치 운동이 금지되었고, 한 번에 두 명 이상을 만날 수 없었으며, 자녀가 다니는 학교에도 출입할 수 없었어요. 심지어 1966년에는 정부가 남아공의 모든 기업에 월터를 고용해선 안 된다는 금지령을 내려서 온 가족이 영원히 조국을 떠나야 했어요.

1990년 넬슨 만델라가 27년간의 혹독한 정치범 생활을 마치고 마침내 석방되었습니다. 4년 후에 그는 남아공 대통령으로 선출되었어요. 아파르트헤이트의 공식 종말을 알리는 역사적인 순간이었지요. 남아공에서 처음으로 인종과 상관없이 모든 국민이 투표한 **선거**였거든요.

CHAPTER 2

이후로 만델라는 세계적인 유명 인사가 되었습니다. 하지만 그런 명성에도 불구하고 애들렌과 월터가 자신과 동료 운동가들에게 보여 준 다정함을 결코 잊지 않았지요. 2000년 73세가 된 애들렌은 심하게 넘어져 입원해 있던 중에 뜻밖의 전화를 받았습니다. "안녕하세요, 남아공의 만델라입니다." 수화기 너머로 쾌활한 목소리가 들려왔습니다. "저 기억하시죠?"

생각해 보아요

1.
르 샹봉 쉬르 리뇽에 도착한 피난민들에게 낯선 사람들의 다정함은 어떤 의미로 다가왔을까요?

2.
다른 노예들도 지하 철도로 탈출시키기 위해 남부에 돌아가겠다고 결심했을 때 해리엇 터브먼의 마음은 어땠을까요?

3.
애들렌과 월터가 아파르트헤이트 제도 아래에서 고난을 겪으면서도 남아공의 흑인들을 계속 도운 이유는 무엇일까요?

CHAPTER 3

선입견에 맞서는 다정함

이 세상은 놀랍도록 다양한 사람들로 가득합니다. 종교, 관심사, 피부색, 사랑, 언어, 행동 방식은 물론 성격도 모두 각자 달라요. 그래서 이 세상이 근사하고 풍요로운 거랍니다.

어떤 사람들은 이 사실을 이해하지 못해요. 자기와 다르다는 이유만으로 남들을 함부로 판단하거나 심지어 미워하기도 하지요. 이런 마음을 선입견이라고 해요.

이 장에서 만나 볼 사람들은 모두 각자의 상황에서 선입견에 용감하게 맞섰습니다. 증오를 증오로 되갚는 대신 인내와 선의로 대답하기를 선택한 거예요.

선입견에 맞서는 다정함

성소수자의 인권을 위해
독일의 마그누스 히르슈펠트

1906년 독일 왕실은 추문에 휩싸였습니다. 어느 일간지에 왕자와 독일 장군이 연애 중이라는 기사가 실렸거든요. 당시에는 남성 간의 사랑이 불법이었기에 이 기사는 폭발적인 반응을 불러일으켰어요.

자신의 명예를 훼손하는 **중상**에 분노한 장군은 기사를 쓴 사람을 고소했습니다. 하지만 재판 과정에서 증언을 요청받은 전문가 한 사람이 대중에게 더욱 큰 충격을 안겨 주었지요. 그가 바로 마그누스 히르슈펠트 박사였어요.

법정에 선 마그누스는 두 남성의 사랑도 이성 간의 사랑만큼 순수하고 자연스러운 것이라고 말했습니다. 사람들이 **성 정체성**이나 **성적 지향** 때문에 처벌받아서는 안 된다고도 말했어요. 성 정체성이란, 한 사람이 자신의 성별을 어떻게 인식하는지를 뜻해요. 여성일 수도, 남성일 수도, **논바이너리**일 수도 있어요. 성적 지향이란, 한 사람이 어떤 성별에 이끌리는지를 의미해요. 자신과 다른 성별만 좋아하거나, 반대로 자신과 같은 성별만 좋아하거나, 혹은 양쪽 모두

27

좋아하거나, 양쪽 모두에 무관심할 수도 있지요.

　마그누스는 용감하게 그가 옳다고 생각하는 바를 변호했어요. 법정 앞에서 성 정체성이나 성적 지향은 마음대로 선택할 수 있는 것이 아니라 자기 정체성의 일부라고 설명했답니다.

　하지만 당시 사람들은 대부분 마그누스의 말을 이해하지 못했고 도리어 엄청나게 분노했지요. 그럼에도 불구하고 마그누스는 사람들의 생각을 바꾸기로 결심했습니다. 누구나 원하는 사람을 사랑할 권리를 갖도록 싸우는 것을 평생의 과업으로 삼은 거예요.

　1897년 마그누스는 일찍이 과학적 인도주의 위원회를 설립하는 데 참여했습니다. 과학적 인도주의 위원회 독일의 동성애 금지법을 폐지하려고 애썼던 세계 최초의 동성애자 권리 단체였어요. 대중에게 성 정체성과 성적 지향에 관해 가르치고, 성소수자들이 자신의 권리를 옹호하도록 격려하기도 했답니다.

1919년 마그누스는 베를린에 성과학 연구소를 설립했습니다. 의료와 연구 기회, 상담을 제공하는 세계 최초의 성과학 연구소였어요. 마그누스는 동성애자에게 지원과 조언을 제공했고 **트랜스젠더**에게도 도움을 주었지요. 사회는 사람들이 타고난 신체와 동일한 성별로 자신을 인식하기를 기대했지만, 마그누스의 트랜스젠더 동료들은 사회의 기대나 타고난 신체에 따라 성별을 인식하지 않았어요. 성과학 연구소는 획기적인 의료 기관인 동시에 사람들이 도서관이나 파티, 또는 일상에서 서로를 도울 수 있는 공동체이기도 했습니다.

하지만 마그누스의 활동에 분노하는 사람들도 여전히 존재했습니다. 1921년에는 마그누스의 견해에 반대하는 낯선 사람이 그를 폭행하기도 했지요.

나치가 권력을 얻으면서 동성애자이자 유대인이던 마그누스의 삶은 더욱 위태로워졌어요. 그의 자유와 안전에 어두운 그림자가 드리워졌습니다. 1933년 나치당원들이 성과학 연구소를 약탈하고 도서관에 있던 귀중한 책과 연구 논문을 모조리 불태웠지요. 마그누스는 다행히도 마침 파리에 있었지만, 이후 다시는 독일로 돌아오지 못했어요. 그는 2년 후 사망했습니다.

마그누스가 죽은 후에도 그의 선구적 아이디어와 과감한 결단력은 성 정체성과 성적 지향 연구를 이끄는 빛이 되었습니다. 이제 마그누스는 최초의 성소수자 인권 운동을 이끈 용감한 선구자 중 하나로 인정받고 있지요. 그는 이런 문장을 남겼습니다. "과학이 오류를 이기고, 정의가 불의를 이기며, 인간의 사랑이 증오와 무지를 이기는 날이 곧 찾아올 것이다."

CHAPTER 3

장애인과 함께하는 세상
아일랜드의 시네이드 버크

시네이드 버크는 사회 정의 실현에 평생을 바쳐 온 장애인 운동가입니다. 이런 활동으로 주목받아 세계에서 가장 유명한 패션 잡지 〈보그〉의 표지를 장식했고, 팝 스타부터 대통령, 총리, 왕족까지 수많은 중요 인사와 면담하기도 했지요.

시네이드는 태어날 때부터 **유전성 질환**인 **연골무형성증**이 있었어요. 그렇다 보니 팔다리가 평균보다 짧고, 키가 1미터를 조금 넘는 **왜소증** 환자였습니다.

열한 살 어린 나이에 시네이드는 왜소증 환자로 산다는 것이 어떤 의미인지 사람들에게 이야기해야 할 필요성을 느꼈어요. 그래서 학기 첫날 교실 앞에 나와서 같은 반 친구들이 이해할 수 있게 연골무형성증에 관해 설명했습니다.

청소년 시절 시네이드는 패션에 관심이 많았지만 갖고 싶은 물건을 살 수 없었어요. 유행하는 옷과 신발은 시네이드의 몸에 맞게 디자인되지 않았으니까요. 재단사를 찾아가 옷을 수선해야 할 때가 많았지요. 가게의 옷들이 대부분 높이 걸려 있어 시네이드의 손이 닿지 않는다는 것도 문제였어요.

시네이드는 직접 목소리를 내기로 결심했습니다. **블로그**를 만들어 패션 업계에 관한 글을 올리기 시작한 것이지요. 블로그에서 패션과 디자인 산업이 장애인의 필요를 고려하지 않으며 변화가 필요하다고 이야기했지요.

시간이 지나면서 사람들도 시네이드의 말에 귀 기울였습니다. 시네이드는 미국 대통령이 사는 백악관에 초대되어 패션과 장애에 관해 연설했어요. 전 세계 주요 패션 디자이너들이 시네이드를 주목했고 시네이드를 위해 특별히 드레스를 디자인하기도 했지요. 시네이드는 멧갈라(매년 뉴욕에서 열리는 유명한 패션 테마 파티이자 자선 행사예요.)에 참석한 최초의 장애인이 되었습니다! 더 중요한 것은 디자이너들이 왜소증 환자들을 고려해 그들을 위한 옷도 만들기 시작했다는 거예요.

시네이드는 대기업의 디자인 방식을 바꾸는 어려운 과제를 해결했지만, 그보다 더 어려운 숙제가 하나 있었어요. 바로 장애인에 대한 사람들의 태도를 바꾸는 것이었습니다.

시네이드는 심지어 성인이 된 후에도 장애로 조롱받은 경험이 있었어요. 더블린 거리에서 한 남학생이 시네이드의 머리 위로 뛰어오르면서 자

CHAPTER 3

기 친구더러 그 장면을 촬영하게 한 적도 있었지요. 시네이드는 이처럼 무례한 행동에 정면으로 맞설 계획을 세웠습니다.

시네이드는 더블린 전역의 학교를 찾아다니며 어린 시절 자기 경험에 관해 학생들과 이야기했어요. 학생들의 호기심을 자극하고, 선입견에 의문을 제기했으며, 편견 대신 다정함과 이해를 선택하라고 권유했지요.

"내가 이 몸을 선택한 건 아니에요. 하지만 자신과 다른 사람들을 어떻게 대할지는 누구나 선택할 수 있는 일이지요." 시네이드는 더욱 안전하고 다정하며 **관용**적인 세상을 만들기 위해 우리 모두가 나름대로의 역할을 할 수 있다고 확신합니다. 장애인 운동가들만으로는 이 목적을 이룰 수 없고, "우리 모두가 함께해야 한다."고 강조하지요.

흑인 혐오와 KKK단에 말을 걸다
미국의 대릴 데이비스

대릴 데이비스는 열 살 때 고향인 미국 매사추세츠주 벨몬트에서 컵스카우트 퍼레이드에 참가했습니다. 대릴이 자랑스럽게 행진하는 동안 몇몇 구경꾼들이 유리병, 돌멩이, 쓰레기를 던지기 시작했어요.

대릴은 그들이 왜 그런 짓을 하는지 몰랐습니다. 스카우트에 불만이 있는 게 아닐까 짐작할 뿐이었어요. 집에 돌아와서야 부모님이 대릴을 앉혀 놓고 인종차별에 관해 설명해 주었습니다.

대릴은 당황했습니다. 어째서 단지 피부색 때문에 자기를 해치려는 사람들이 있는지 이해할 수 없었지요. "어떻게 나를 알지도 못하면서 미워할 수 있지?" 그는 평생 이 의문에 답하기 위해 노력했어요.

음악에 재능이 있었던 대릴은 피아노 연주자로 성장하여 미국 전역의 청중을 즐겁게 했습니다. 1983년 어느 밤, 그는 메릴랜드주 남부의 프레더릭이라는 마을에 가서 밴드와 함께 연주했어요. 공연장 안에 흑인은 대릴 한 명뿐이었지요.

대릴의 연주가 끝나자 한 남성 관객이 그의 뛰어난 솜씨를 칭찬하며 술을 한잔 사겠다고 했습니다. 그러고는 흑인과 함께 술을 마시는 건 평생 처음이라고 고백했어요. 대릴이 이유를 묻자, 그는 자기가 쿠 클럭스 클랜(KKK) 멤버라고 털어 놓았습니다.

KKK는 미국에서 가장 오래된 혐오 단체로, 기나긴 폭력의 역사를 지니고 있습니다. 주요 공격 대상은 흑인이지만 유대인, 이민자, 성소수자, 가

CHAPTER 3

톨릭 신자도 공격하곤 했지요.

　대릴은 역겨워하며 그 자리를 떠나는 대신 서로 대화를 나눠 보기로 결심했습니다. 증오 대신 다정함을 선택하고 참을성 있게 상대의 말에 귀를 기울였지요. 밤이 깊어지자 두 사람은 전화번호를 주고받았고, 시간이 지나면서 마침내 친구가 되었어요.

　이 특별한 만남은 대릴과 또 다른 KKK 멤버들의 만남으로 이어졌습니다. 대릴은 그들과 함께 식사를 하거나 자기 집으로 초대하여 여러 시간 동안 대화를 나누었지요. 정중하게 그들의 신념에 의문을 제기하고 차분하게 반론을 펼쳤어요. 심지어 직접 KKK 집회에 나가 보기도 했고요.

　대릴의 행동은 위험천만한 짓이었습니다. 때로는 목숨이 위태로운 순간도 있었지요. 그럼에도 불구하고 그의 인내와 다정함은 흔들리지 않았어요. 대릴은 최악의 적이 되었을 사람들에게 우정의 손길을 내밀어 그들의 선입견을 없애는 데 성공했습니다. 게다가 그의 다정함을 접한 사람들도 다른 사람들에게 더 다정해져야겠다고 생각하게 되었어요.

　대릴의 친구가 된 사람들 중 상당수가 KKK를 떠났습니다. 더 이상 그 단체의 사상을 믿을 수 없었으니까요. 대릴 덕분에 다정함이 혐오보다 훨

씬 낫다는 사실을 깨달은 거예요.

지금도 대릴은 사람들에게 다정함의 힘을 전파하기 위해 애쓰고 있습니다.

"친절함은 아무리 힘들더라도 가치 있는 일입니다. 증오를 증오로, 좌절을 좌절로, 불친절을 불친절로 되돌려주면 악순환이 생겨나요. 하지만 부정적 반응에 다정하게 응답하면 다른 사람에게 다정해야 한다는 메시지를 전달하게 되지요. 우리에게는 악순환을 끝낼 기회가 있습니다."

생각해 보아요

1.
마그누스 히르슈펠트는 사람들이 서로에게 다정해지도록 권유하기 위해 과학 지식을 어떤 식으로 활용했나요?

2.
대릴 데이비스는 오랫동안 KKK 멤버들을 만나 대화를 나누면서 어떤 감정을 느꼈을까요?

3.
우리 모두가 다정함으로 선입견에 맞설 방법이 있을까요?

CHAPTER 4

전쟁 중의 다정함

전쟁이 일어나면 끔찍한 공포와 슬픔, 불안의 시기를 보내야 합니다. 모든 것이 파괴되어 갈 때 다정함이란 비현실적인 이야기로 들릴 수 있지요. 하지만 지금까지 살펴보았듯이, 용감한 사람들은 아무리 끔찍한 상황에서도 **연민**으로 대처할 수 있는 힘을 자신의 내면에서 찾아낸답니다.

세상을 곰곰이 들여다보면 때로는 전혀 예상치 못한 곳에서 다정함이 나타난다는 사실을 발견할 거예요. 그런 다정함이 생각보다 더 자주 놀라운 결실을 맺는다는 것도요.

전쟁 중의 다정함

구름 속의 우정
독일의 찰리 브라운과 프란츠 슈티글러

01 군 B-17 폭격기는 적기의 맹렬한 공격을 받고 있었습니다. 엔진 두 개가 떨어져 나가려 하고 꼬리날개 절반이 사라졌으며 조종간도 고장 났으니 아직 날고 있다는 것 자체가 기적이었지요. 설상가상으로 용감한 **후방 사수**였던 휴 '에키' 에켄로드 병장은 전사했고, 기내의 군인 대부분이 중상을 입은 상태였어요.

1943년 12월이었습니다. 제2차 세계 대전이 시작된 지 4년, 크리스마스 5일 전이자 미국 공군이 사상 최초로 독일 상공에서 폭격을 개시하고 몇 시간이 지난 후였지요. 다들 이번이 처음이자 마지막 폭격일까 봐 두려워하고 있었어요.

비행기가 느릿느릿 영국군 기지로 돌아가는 동안 조종사 찰리 브라운 중위는 창밖을 내다보았습니다. 바로 옆에 무시무시한 독일군 전투기 메서슈미트 Bf 109가 날아가고 있었어요.

찰리는 눈을 질끈 감고 고개를 저었습니다. 다시 눈을 떴지만 전투기는 여전히 창밖에 그대로 있었지요. 찰리는 이제 정말로 끝장이라고 생각하며 마음을 다잡았지만, 그렇게 되지 않자 깜짝 놀랐습니다.

놀랍게도 독일군 조종사는 B-17을 공격하는 대신 찰리에게 착륙하여 항복하라는 신호를 보냈습니다. 찰리는 그 요청을 무시하고 지금까지의 비행경로를 유지하기로 결심했어요. 그러는 동안에도 독일 전투기는 B-17 옆에 머물러 있었지요.

CHAPTER 4

마침내 B-17이 무사히 독일 영토를 벗어나자, 독일군 조종사는 거수경례를 하고 메서슈미트를 몰고 사라졌습니다. 찰리는 어안이 벙벙했지만 안도의 한숨을 내쉬며 다른 여덟 명의 군인들과 함께 영국으로 돌아왔어요.

당연히 찰리는 그 이름 모를 독일군 조종사를 잊지 못했습니다. 그가 자기를 도와준 사실이 발각되었다면 **반역**죄로 처형당했을 수도 있다는 걸 알았으니까요.

수십 년이 지나도록 고마운 마음을 간직하고 있던 찰리는 결국 자신의 수호천사를 찾아 나서기로 결심했습니다. 그리고 1990년에 정말로 그를 찾아냈어요! 그의 이름은 프란츠 슈티글러로, 제2차 세계 대전 당시 독일 최고의 전투기 조종사였지요. 마침내 두 사람이 만났을 때, 프란츠는 그가 왜 오래전에 찰리를 도왔는지 말해 주었어요. 프란츠가 B-17 폭격기의 깨진 창문을 들여다보았을 때 그의 눈에는 적이 아니라 난관에 처한 동료 인간들이 보였던 거예요.

"낙하산으로 착륙하려는 사람을 쏘는 거나 마찬가지라고 느꼈어요. 도저히 쏠 수가 없었지요. 저 조종사가 부상당한 동료들을 무사히 고향으로 데려갔으면 좋겠다고만 생각했어요."

그 후로 찰리와 프란츠는 2008년에 불과 몇 달 간격으로 세상을 떠날 때까지 절친한 친구로 남았답니다.

CHAPTER 4

적십자
스위스의 앙리 뒤낭

1859년 6월 앙리 뒤낭이라는 젊은 스위스 상인이 이탈리아 북부의 솔페리노 마을을 찾아왔습니다. **낙천주의자**였던 그는 이 지역에서 오스트리아군과 격렬한 전투를 벌이고 있던 프랑스 왕 나폴레옹 3세를 만나 사업 이야기를 해 볼 생각이었어요.

앙리가 마을에 도착했을 무렵 전투는 끝났지만 처참한 광경은 그대로였어요. 전장 곳곳에 수천 명의 죽은 군인들이 쓰러져 있었고, 그 사이로 더욱 많은 부상병들이 죽어 가고 있었습니다. 하지만 그들을 치료해 줄 사람은 없었지요.

경악한 앙리는 사업 같은 건 잊고 부상병을 돌볼 조직을 만들기로 했습니다. 마을 사람들과 힘을 모아 교회에 임시 병원을 세우고, 프랑스군이든 오스트리아군이든 모두 치료받을 수 있게 했어요.

고향인 스위스 제네바로 돌아와서도 앙리는 전장에서 목격한 비참한 광경을 잊지 못했습니다. 앞으로의 전쟁에서는 이런 참상을 막아야겠다고 결심한 그는 자신의 경험을 『솔페리노의 기억』이라는 책으로 발표했어요.

이 책에서 앙리는 참신하고 획기적인 아이디어를 제시했어요. 모든 나라가 협력하여 **중립**적이고 독자적인 자원봉사 조직을 만들고, 전쟁 중에는 이 조직이 국적과 상관없이 모든 부상자와 이재민을 보호하게 하자는 것이었지요.

앙리는 자신의 책을 유럽 전역의 여러 통치자에게 보냈습니다. 놀랍게도 통치자들은 열렬한 호응을 보였어요. 앙리의 아이디어는 세계 최대의 **인도주의** 조직인 국제 적십자사와 적신월사의 설립으로 이어졌지요.

적십자사와 적신월사는 오늘날에도 세계 곳곳에서 전쟁과 자연 재해 피해자들에게 긴급 구호물자를 지원하고 인명을 구조한답니다.

앙리의 업적은 거기서 끝나지 않았어요. 그의 아이디어는 전쟁에 나선 국가가 어떻게 행동해야 하는지 규정

한 1차 제네바 협약으로 이어졌습니다. 이 협약에 서명한 12개국은 전쟁 중에 적군과 아군을 가리지 않고 부상병을 돌보기로 약속했어요. 또한 병에 걸렸거나 부상당한 군인을 돕는 의료진이나 **민간인**을 공격하지 않겠다고 약속했지요. 오랜 시간에 걸쳐 더 많은 규칙이 추가되고 더 많은 국가가 협약에 서명했습니다. 이제는 전 세계 196개국이 제네바 협약을 준수하기로 합의했답니다.

CHAPTER 4

시레트의 고아들
루마니아의 시레트

작은 마을 시레트는 한때 수천 명의 아이들이 갇힌 고아원으로 악명이 높았습니다. 레누타 가브릴루타와 로디카 마르지네안도 시레트에 살고 있었어요. 고아원의 끔찍한 환경은 당시 루마니아를 다스리던 **독재자** 니콜라에 차우셰스쿠 때문이었지요.

차우셰스쿠가 권력을 잃고 쫓겨난 1989년이 되어서야 시레트의 가슴 아픈 사연이 세상에 알려졌답니다. 얼마 지나지 않아 전 세계 구호 활동가들이 아이들을 도우러 찾아왔어요.

이후로 시레트의 고아들은 새로운 삶을 살아가려고 애썼습니다. 레누타와 로디카를 비롯해 마을에 남은 여러 사람들은 이제 '스쿨 포 라이프' 재단이 제공한 집에서 살고 있어요. 이 재단은 루마니아의 고아들이 편안하게 살 수 있도록 필요한 것을 지원하는 자선 단체랍니다.

하지만 레누타와 로디카의 이야기는 이걸로 끝나지 않았어요. 시레트는 루마니아와 우크라이나의 국경에 있는 마을이었습니다. 러시아 대통령 블라디미르 푸틴이 우크라이나 침공을 명령한 2022년, 수천 명의 피난민이 시레트로 몰려오기 시작했어요. 추위와 두려움에 떨며 고향을 떠나온 그들에게는 안전한 피난처가 필요했지요.

그들의 처지를 잘 알았던 레누타와 로디카는 피난민을 돕기로 결심했습니다. 두 사람이 가진 것은 거의 없었지만 그것이나마 나누고 싶은 마음이었지요.

전쟁 중의 다정함

CHAPTER 4

두 사람은 피난민을 집으로 맞아들여 밥을 먹이고 보살폈습니다. 심지어 손님들이 더 편히 쉴 수 있도록 침대도 내주었어요. 아이들에게 과자를 사주고, 일곱 살 남자아이의 생일에는 케이크도 만들었답니다.

레누타와 로디카는 고아원에서 힘겨운 어린 시절을 보냈습니다. 애정도, 웃음도, 생일도 모르고 자란 두 사람이지만 다시는 자기들처럼 고통 받는 아이가 없어야 한다고 생각했어요.

"이 아이들은 전쟁 때문에 두려워하고 있어요. 충분히 이해해요. 나도 내 몫의 전쟁을 겪었거든요. 그러니 이젠 다른 사람들이 전쟁을 피할 수 있게 돕고 싶어요. 돕는 것은 선한 일이니까요."라고 레누타는 말합니다.

생각해 보아요

1.
찰리 브라운은 왜 그토록 오랜 세월이 지난 후에도 수수께끼의 독일 군 조종사를 찾으려고 했을까요?

2.
앙리 뒤낭의 다정한 행동은 어떻게 국제 적십자사와 적신월사의 설립으로 이어졌나요?

3.
시레트의 고아들 이야기에서 다정함의 연쇄 작용을 확인할 수 있나요? 다정함이 어떻게 계속해서 다른 사람들에게 전달되는지 이야기해 봐요.

CHAPTER 5

재난 앞에서의 다정함

1장부터 4장까지는 다정함으로 불의에 맞서 승리한 사람들을 만나 봤어요. 이번 장에서는 재난이 닥쳤을 때 전혀 모르는 이들을 기꺼이 도운 사람들을 만나 봐요.

세계를 뒤흔드는 사건이 일어나면 결국 모든 인간은 같은 편이라는 사실을 실감하게 되지요. 재난의 순간에도 힘을 모은다면 인류는 그 어느 때보다 강해질 수 있답니다!

역사 속에서 그런 세 가지 사례를 살펴봐요. 여러분도 최근에 주변에서 접한 다른 사례를 떠올릴 수 있나요?

타이타닉 호의 헌신적인 사람들
영국의 해럴드 로우, 여러 승객과 승무원

생존자들이 두려움에 떨며 지켜보는 동안, 세계에서 가장 큰 배는 대서양의 차가운 물속으로 천천히 가라앉고 있었습니다.

1912년 4월 15일 새벽 2시 20분의 일이었어요. 유럽에서 뉴욕으로의 첫 항해에 나선 거대 여객선 타이타닉 호는 세 시간 전까지만 해도 놀라운 속도로 나아가고 있었지요. 하지만 수면 아래 숨겨진 빙산이 **선체**에 치명적인 구멍을 내면서 순조롭던 항해는 순식간에 재난으로 바뀌었어요.

강철과 쇳덩어리로 이루어진 배가 파도 아래로 가라앉기 시작하자, 배에

CHAPTER 5

탄 사람들이 모두 구조될 수 없다는 사실이 밝혀졌어요. 구명보트를 전부 동원해도 탑승자 2,200명 중에서 절반밖에 태울 수 없었으니까요. 결국 706명만이 살아남아 이 끔찍한 이야기를 세상에 전했습니다.

침몰 후 몇 주 동안 수사관과 신문기자 들은 어쩌다 이런 비극이 일어났는지 확인하기 위해 사람들의 사연을 수집했습니다. 조사 과정에서 많은 사람들의 놀랍도록 관대하고 다정한 행동들이 밝혀졌지요.

그중에도 가장 유명한 영웅은 타이타닉 호의 5등 항해사였던 해럴드 로우였습니다. 배가 가라앉은 곳으로 돌아간 구명보트는 해럴드가 지휘한 단 한 대뿐이었거든요. 그는 어둡고 차가운 물속에서 네 명을 건져 냈고, 그런 다음 노를 저어가 침몰하려던 또 다른 구명보트를 구조했답니다.

용감하고 헌신적이었던 사람이 해럴드만은 아니었습니다. 많은 이들이 자신의 구명조끼나 구명보트 자리를 모르는 사람에게 양보했지요. 승객들은 당황하고 겁에 질린 상황에서도 서로 이끌어 가며 비스듬히 기울어지고 미로처럼 뒤얽힌 통로와 계단을 지나 갑판에 대기한 구명보트에 도착했어요. 어른들은 다른 사람의 아이들을 돌보았고, 노래하며 노 젓는 이들을 격려하고 기운을 북돋아 주었습니다.

배의 중심부에서는 기술자와 소방관 들이 자리를 지키며 계속 물을 퍼내고 전력을 공급했습니다. 자신이 배와 함께 가라앉게 될 것을 알면서도 다른 사람들이라도 탈출할 수 있도록 타이타닉을 최대한 오래 불 밝힌 상태로 떠 있게 했지요.

참사의 원인이 몇 주 만에 알려졌고, 이런 사연들은 세상에 일말의 위로와 희망을 전했습니다. 타이타닉 호의 사람들은 놀라운 헌신과 다정함으로 재난 앞에서도 인류애가 빛날 수 있음을 보여 주었으니까요.

재난 앞에서의 다정함

수천 명을 받아들인 마을
캐나다의 갠더

2001년 9월 11일 캐나다 뉴펀들랜드주의 작은 마을 갠더는 뜻밖의 손님을 맞이했습니다. 항공기 38대로 도착한 7,000여 명의 외지인들이었어요.

미국 상공에서 끔찍한 사건이 일어난 직후였습니다. 테러리스트들이 치밀하게 계획된 연쇄 공격으로 여객기 네 대를 납치하여 건물에 충돌시킨 사건이었지요. 이 테러로 93개 국가 출신의 2,977명이 사망했습니다.

테러 직후 미국은 영공을 폐쇄하고 비행 중이던 여객기 수백 대를 캐나다의 여러 공항으로 우회시켰어요. 그중 38대가 갠더 국제공항으로 향한 것이지요. 탑승객 모두 머물 곳이 필요했습니다.

갠더는 만 명이 사는 작은 마을이었고, 그곳의 호텔을 다 동원해도 7,000명의 손님들을 수용하기에는 턱없이 부족했어요. 그래서 주민들이 발 벗고 나섰지요. 지치고 배고프고 성난 탑승객들을 따뜻한 미소로 맞아들여 식사와 침대, 샤워 시설을 제공했습니다. 학교와 교회가 기숙사로 바뀌었고, 자기 집에 손님을 재운 주민도 있었어요.

CHAPTER 5

　각 가정에서 기부한 샴푸와 비누, 의류, 음식이 무더기로 쌓였습니다. 볼링 시합과 지역 밴드의 공연 등 손님들을 위한 오락 행사도 열렸지요.
　탑승객들은 따뜻한 대접에 깊은 감사를 표했지만, 마을 사람들은 자기네가 특별한 일을 했다고 생각지 않았어요. 그저 "도움이 필요한 사람들을 외면할 수는 없다."라고 말했답니다.
　탑승객들도 마을 사람들의 친절을 결코 잊지 않았습니다. 한 여객기 탑승객들은 돈을 모아 갠더 학생들을 위한 장학 기금을 마련했지요. 이웃 마을인 애플턴에 머물렀던 손님들은 5,000달러를 기부했는데, 애플턴 주민들은 이 기부금으로 평화 공원을 지었어요.
　애플턴에서는 해마다 911 테러 희생자들을 기리고 발이 묶인 탑승객들을 도운 사람들에게 감사를 표하는 기념식을 열고 있습니다. 2017년에 애플턴의 이장은 이렇게 연설했어요. "이 세상에는 재난이 닥쳤을 때 비로소 드러나는 선량한 마음이 존재합니다."

동일본 대지진
일본의 후쿠시마

2011년 3월 11일 일본 북동부 바닷가에서 강력한 지진이 발생했어요. 지진이 있은 지 한 시간도 지나지 않아 **해일**이 일본 해안선을 강타했고, 그 뒤로도 몇 번이나 이어졌습니다. 12층 건물만큼 높다란 파도가 내륙을 휩쓸고 지나가면서 마을 전체가 지도에서 사라지기도 했지요.

끔찍한 자연재해였지만, 앞으로 더 큰 재난이 기다리고 있었습니다. 도쿄에서 북쪽으로 250킬로미터 떨어진 후쿠시마 제1 원자력 발전소에서, 방호벽을 넘어온 파도에 원자로가 침수되어 대형 참사가 일어난 거예요. 위험한 **방사선**이 대기 중에 누출되면서 수만 명이 집을 떠나 대피해야 했습니다.

지진과 해일, 원전 사고로 인해 전부 수천 명이 사망하고 50만 명이 대피했답니다.

이재민들은 여전히 충격에 빠져 있었지만, 사방에서 도움의 손길이 이어졌어요. 돈과 구호 물품, 그리고 140여 만 명의 자원봉사자가 후쿠시마로 밀려 들어왔습니다. 자원봉사자들은 생존자들을 위한 숙소와 공동 부엌을 설치했어요. 음식과 옷, 담요를 나눠 주는 사람도 있었지요. 곡예사들이 찾아와 아이들을 즐겁게 해 주기도 했어요.

한편 손상된 원자력 발전소에서는 더 큰 재난을 막기 위해 직원들이 사투를 벌이고 있었습니다. 자신들이 고농도 방사능에 노출되어 있다는 사실을 알면서도 말이에요.

두 아이의 아버지인 요시자와 아쓰후미는 훗날 이렇게 설명했습니다. "강제로 남은 사람은 아무도 없었습니다. 발전소를 구해 낼 사람은 우리뿐이라는 걸 다들 알고 있었으니까요."

그 암울한 시기를 밝혔던 연민은 여전히 일본 사람들에게 영감을 주고 있습니다. 재해 9주년을 맞아 후쿠시마현 지사 우치보리 마사오는 전 세계에 이런 메시지를 보냈어요. "우리는 많은 친절과 격려를 받았습니다. 덕분에 다른 사람들에게도 똑같이 보답하겠다는 열망을 다질 수 있었습니다. 이 경험은 우리에게 친절의 힘을 일깨워 주었습니다."

생각해 보아요

1.
갠더 주민들은 마을에 착륙한 여객기 탑승객들에게 어떤 친절을 베풀었나요? 그리고 탑승객들은 갠더와 애플턴 주민들에게 어떤 친절로 보답했나요?

2.
재해가 일어난 후 후쿠시마 원자력 발전소를 지원하러 온 노동자들은 어떤 심정이었을까요? 후쿠시마를 도우려고 찾아온 자원봉사자들의 마음은 어땠을까요?

3.
재난 앞에서도 다른 사람들에게 다정하게 대한 사람들의 사례를 떠올릴 수 있나요?

CHAPTER 6

병마와 싸우는 다정함

 누구나 한 번쯤 살면서 건강에 문제가 생기지요. 목이 아프거나 끔찍한 벌레에 물릴 수도 있고, 그보다 더 심각한 병에 걸릴 수도 있어요. 마지막으로 아팠을 때 기분이 어땠는지 기억하나요? 피곤하거나 어지럽거나 어딘가 잘못된 것 같았나요?

 그럴 때는 주위 사람들에게 보살핌을 받아야 해요. 누군가에게 보살핌을 받는다는 느낌은 실제로 더 빨리 회복하는 데 도움이 되거든요!

 이 장에 소개된 사연들이 보여 주듯이, 꼭 의사나 약사가 아니어도 건강을 잃은 사람을 도울 수 있답니다. 때로는 인간적인 다정함이야말로 가장 고마운 치료약이니까요.

병마와 싸우는 다정함

공포를 이긴 연민
미국의 남성 동성애자 건강 위기 지원센터, 영국의 다이애나 황태자비

이야기는 수수께끼 같은 신종 바이러스가 전 세계를 휩쓸고 있던 1980년대 초에 시작됩니다. 의사들은 이 바이러스를 인간 면역 결핍 바이러스(HIV)라고 불렀어요. 인체의 면역 체계, 즉 감염과 질병에 맞서 싸우는 시스템을 공격했기 때문이지요.

그때만 해도 HIV에 감염되면 십중팔구 에이즈에 걸렸습니다. 에이즈는 HIV로 쇠약해진 인체에 발생하는 여러 치명적 증상을 아우르는 용어에요.

세계적으로 HIV 감염자 수가 빠르게 증가하면서 공포가 퍼져 나갔습니다. 사람들은 알 수 없는 상황 앞에서 공포에 떨며 온갖 질문을 던졌지요. HIV는 어디에서 왔나? 정체가 무엇인가? 어떻게 전염되는가?

당시 게이 커뮤니티가 HIV에 대한 소문으로 큰 타격을 입었습니다. 해답을 알 수 없는 질문들로 인해 온갖 이야기가 난무

CHAPTER 6

했지요. 많은 사람들이 HIV 감염자와 악수만 해도 에이즈가 옮는다고 오해했습니다.

이런 공포가 퍼지면서 외롭고 겁먹은 HIV 감염자들은 종종 자신의 병을 숨겼습니다. 에이즈 환자는 심지어 가족이나 친구들에게도 버림받는 경우가 많았으니까요.

아픈 사람이 이처럼 끔찍한 대우를 받는 데 경악한 게이와 레즈비언 단체 들은 행동에 나서기로 결심했습니다. 이런 단체 중 하나인 남성 동성애자 건강 위기 지원센터(GMHC)는 사람들이 도움과 조언을 요청할 수 있는 세계 최초의 에이즈 상담전화를 개설했지요. 자원봉사자가 에이즈로 죽어 가는 사람을 병원에 데려가거나 문병하는 '버디' 시스템을 도입하기도 했어요. 장보기를 대신해 주거나 심지어 그저 꼭 안아 주는 것만으로도 환자를 염려하는 마음을 전달할 수 있었답니다.

시간이 지나면서 이런 단체를 지원하는 사람들은 점점 더 늘어났습니다. 그중에 영국 왕세자비 다이애나도 있었지요. 1987년에 다이애나는 영국 최초로 HIV/AIDS 전문 병동을 설립한 런던의 어느 병원을 방문했습니다.

사진기자들이 사진을 찍는 동안 미소 띤 다이애나는 32세의 HIV 감염자 아이번 코언에게 손을 내밀며 따뜻하게 악수를 청했어요. 아이번은 자신의 얼굴은 찍지 말아 달라고 요청했습니다. 당시 만연해 있던 HIV에 대한 선입견 때문이었지요. 많은 사람들이 HIV가 접촉만으로도 감염된다고 생각하던 시기였지만, 다이애나는 평소에 끼고 있던 장갑을 벗고서 두려운 기색 없이 아이번과 악수했습니다. 그 행동 하나만으로 HIV 감염자에게는 의심과 공포가 아니라 다정함과 존중이 필요함을 온 세상에 알린 것이지요.

이제는 HIV가 혈액이나 체액이 몸속에 들어와야 감염된다는 사실이 널리 알려졌지요. 이런 사실이 밝혀지면서 확산을 예방할 수도 있게 되었어요. 아직 HIV를 완치할 방법은 없지만, 감염자 대부분은 약을 먹으면서 건강하게 오래 살 수 있습니다.

선구적인 HIV 운동가들이 전파한 이해와 친절의 메시지는 바이러스 감염자들의 삶을 크게 변화시켰고 많은 생명을 구했답니다.

CHAPTER 6

특별한 의사 선생님
프랑스의 하센 부샤쿠르와 페요 박사

프랑스 칼레의 어느 암 병원에는 아픈 환자들의 얼굴에 웃음을 되찾아 주는 의사가 있습니다. 페요 박사라고 불리는 이 의사는 다른 의사와 달리 청진기나 체온계가 없고 흰 가운도 입지 않았지요. 아니, 사실은 처방전조차 쓸 수 없답니다. 페요 박사는 말이거든요!

병원에서 일하기 전, 페요와 조련사 하센 부샤쿠르는 대형 경기장에서 **놀라운 마장 마술**로 관중을 열광시키곤 했습니다. 공연이 끝날 때마다 페요는 관중석의 누군가에게 다가가 금세 친해지곤 했어요. 하센은 페요가 아프거나 슬프거나 외로워서 위로가 필요한 사람을 기막히게 알아볼 수 있다는 것을 깨달았지요.

페요에게 특별한 능력이 있음을 감지한 하센은 수의사와 의료인에게 상의했습니다. 그들도 페요의 능력이 남다르다는 데 동의했어요. 이 재능을 잘 활용하고 싶었던 하센은 페요가 불빛 환한 공연장을 떠나 환자와 노인을 문병할 수 있게 훈련하기로 결심했지요. 그는 페요가 병원과 요양원의 독특한 소리와 광경, 분위기에 적응할 수 있도록 3년에 걸쳐 서서히 길들였답니다.

페요가 문병 갈 준비를 하려면 세심한 주의가 필요합니다. 온몸에 부드럽게 소독 로션을 발라 주고 갈기와 꼬리를 단단히 땋아야 해요. 병동에 도착해 하루 일과를 시작할 때면 페요는 걸음을 멈추거나 다리를 들어 하센에게 어느 병실에 들어가야 할지 알려 줍니다. 마치 누가 자신을 가장

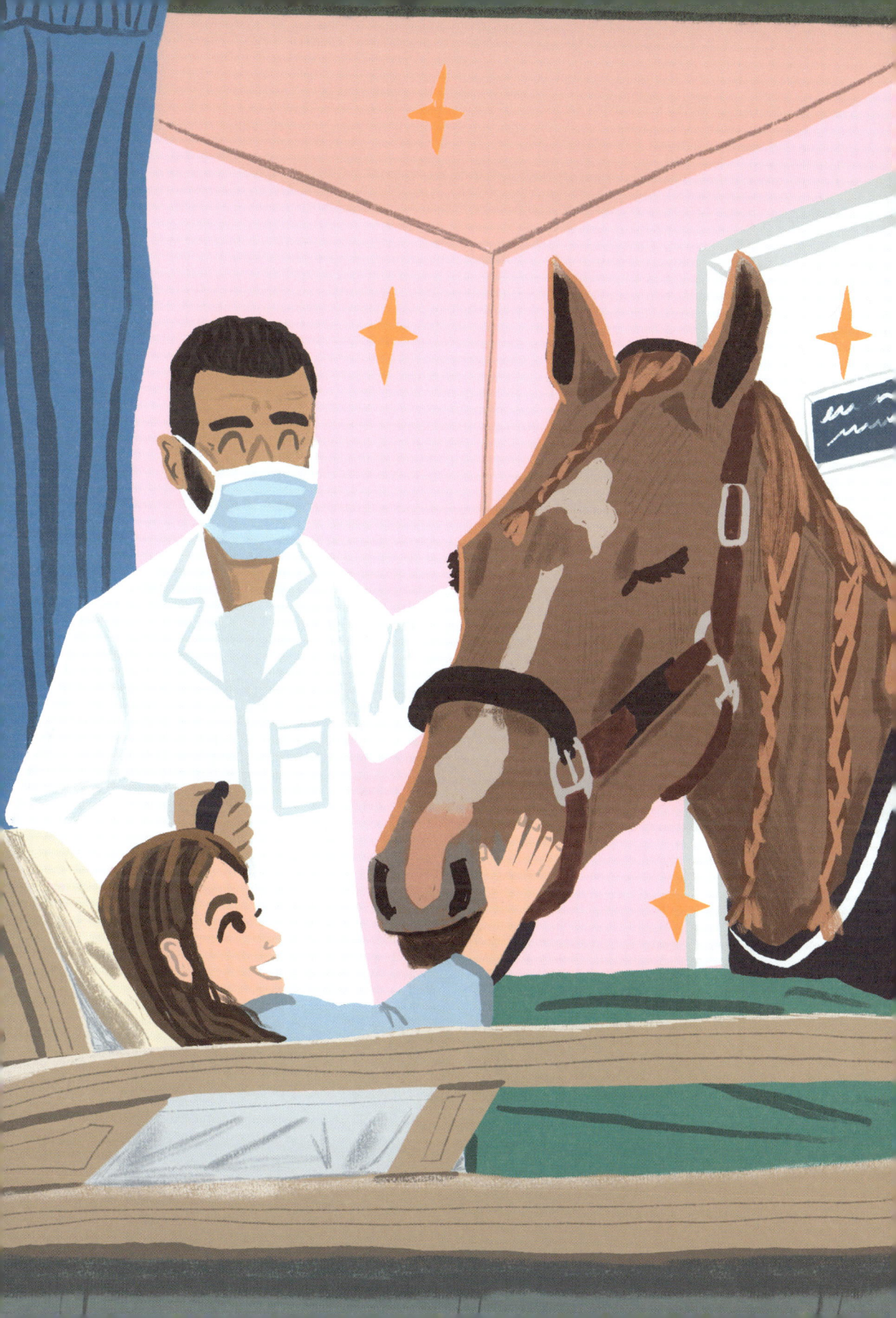

CHAPTER 6

필요로 하는지 아는 것처럼 말이지요.

페요는 하센의 도움을 받아 임종을 앞둔 환자들을 찾아갑니다. 다정한 존재감과 부드러운 콧등의 감촉으로 환자를 위로하며 인생의 마지막 몇 주 동안 평온함과 사랑을 선사하고, 하센은 그런 페요를 곁에서 지켜보지요.

이상하게 들릴지도 모르지만, 페요의 치료는 정말로 효과가 있답니다. 페요와 함께 시간을 보낸 환자들은 마음이 편해지고 불안도 덜해졌다고 해요. 심지어 의사들은 페요가 문병한 환자들의 진통제 복용이 줄었다는 사실도 발견했습니다!

페요의 존재를 좋아하는 것은 환자들만이 아니에요. 직원과 문병객 들도 페요를 좋아합니다. 힘들 때면 언제든 페요가 위안과 즐거움을 주리라는 것을 아니까요.

페요 박사와 하센은 2016년 이후로 1,000명 이상의 환자를 만나 왔습니다. 이들에게는 다정함만큼 좋은 약은 없답니다.

병마와 싸우는 다정함

이름 모를 사람들의 도움
오스트레일리아의 셜리 놀런

1974년 오스트레일리아에서 태어난 앤서니 놀런은 **비스코트-올드리치 증후군**이라는 희귀 **혈액 질환**이 있다는 진단을 받았습니다. 유일한 희망은 **골수 이식 수술**뿐이었어요.

앤서니가 어떻게든 낫길 바랐던 어머니 셜리는 아이를 데리고 지구 반 바퀴를 돌아 런던까지 갔습니다. 런던의 의사들은 앤서니를 치료할 수 있다고 했지만, 일단 아이와 **줄기세포**가 일치하는 기증자를 찾아야 했지요. 기증자가 없으면 이식도 불가능했으니까요.

적합한 기증자를 찾아내는 것은 건초 더미에서 바늘 찾기만큼 어려운 일이었습니다. 전혀 모르는 사람들 속에서 어떻게 줄기세포를 찾을 수 있겠어요?

셜리는 바로 행동에 나섰습니다. 세계 최초로 골수 기증자 **등록부**를 설립한 거예요. 골수 기증 희망자가 혈액 검사를 받고 대기 중인 환자 중에 자신과 줄기세포가 일치하는 사람이 있는지 확인할 수 있게 만든 것이지요.

CHAPTER 6

대중도 뜨거운 호응을 보였습니다! 이후 5년 동안 셜리는 앤서니뿐만 아니라 그와 비슷한 환자들에게 기증자를 찾아 주기 위한 노력을 아끼지 않았어요. 다행히도 점점 더 많은 사람들이 생명을 구할 수 있기를 바라며 줄기세포를 기증하겠다고 나섰습니다. 1979년까지 약 3만 명이 기증 희망자로 등록했지요.

하지만 안타깝게도 앤서니와 일치하는 기증자는 아무도 없었고, 앤서니는 그해 세상을 떠났습니다. 셜리는 괴롭고 슬펐지만, 도움이 필요한 다른 사람들을 위해 계속 기증자를 찾아 주려고 더욱 노력했어요. 수집한 데이터를 모두 꼼꼼히 기록했지요. 앤서니에게는 너무 늦었지만, 그 데이터가 다른 누군가와는 정확히 일치할지도 몰랐으니까요.

앤서니가 사망한 해에는 80명의 아이들이 대기 환자로 등록되어 있었습니다. 줄기세포 이식을 받아 목숨을 구한 사람은 오늘날까지 세계적으로 백만 명이 넘어요. 게다가 골수 기증 희망자가 전 세계에서 수천만 명이나 등록되어 있고요.

훗날 셜리는 사람들에게 어린 아들이 헛되이 죽지 않았다는 확신이야말로 자신의 가장 큰 보람이라고 말했답니다. 정말로 그래요. 앤서니와 셜리, 그리고 이름 모를 사람들의 친절이 수백만 명의 생명을 구했으니까요.

생각해 보아요

1.
아이번 코언에 대한 다이애나 비의 다정한 행동이 HIV 감염자들에게 왜 그렇게 중요했을까요?

2.
페요 박사와 암 환자들의 경우처럼 동물 덕분에 마음이 행복하고 차분하고 편안해진 경험이 있나요?

3.
셜리 놀런을 묘사할 수 있는 단어 세 개를 떠올려 보세요. 그 단어들을 선택한 이유는 무엇인가요?

CHAPTER 7

스포츠에서의 다정함

학교 운동회에 참여하거나 좋아하는 스포츠 팀의 경기를 지켜본 적이 있다면, 치열한 경쟁 속에서도 나타나는 관대함과 선의의 순간을 목격했을 거예요.

페어플레이 전통은 운동선수의 삶에서 중요한 부분이에요. 스포츠가 선한 영향력을 발휘할 수 있는 것은 바로 이런 전통 때문이니까요. 다음 이야기의 주인공들이 보여 주듯이, 페어플레이는 다양한 팀과 지역 사회, 심지어 국가를 초월하여 다정함과 배려를 전달할 수 있어요.

올림픽 정신
미국의 제시 오언스와 독일의 루츠 롱

제시 오언스는 1936년 독일 베를린 올림픽에서 금메달 4개를 획득하고 세계 신기록을 두 번 경신하며 스타가 되었습니다. 하지만 예상치 못한 누군가의 친절한 행동이 아니었다면 제시는 메달을 전혀 못 받았을지도 몰라요.

제시는 멀리뛰기 결승 진출을 위한 세 번째이자 마지막 시도를 하려고 줄을 서 있었습니다. 실망스럽게도 처음 두 번의 시도에서 파울 라인에 발이 닿는 실수를 저지른 상황이었어요. 한 번만 더 파울을 하면 탈락한다는

CHAPTER 7

사실을 알고 있었으니 부담감이 무척 컸지요.

마지막 시도를 준비하고 있던 제시에게 독일 멀리뛰기 챔피언인 루츠 롱이 다가와서 친절하게 조언을 해 주었습니다. 도움닫기 거리를 좀 더 늘리면 파울 라인을 충분히 뛰어넘을 수 있을 거라고요.

루츠의 조언을 받아들인 제시는 기쁘게도 결승전에 진출했습니다. 그뿐만 아니라 조국에 금메달을 안겨 주었고 올림픽 신기록까지 세웠지요!

루츠는 은메달을 땄지만, 가장 먼저 제시에게 다가와 포옹하며 축하해 주었습니다. 그런 다음 제시와 팔짱을 끼고 군중의 환호를 받으며 경기장 밖으로 걸어 나갔어요.

루츠의 친절한 행동은 두 가지 이유로 놀라운 일이었습니다. 첫째, 그는 제시의 유력한 금메달 경쟁자였는데도 개인적·국가적 관계를 제쳐 두고 동료 선수를 도운 거예요. 둘째, 올림픽이 열린 나치 독일은 제시의 조국인 미국과 마찬가지로 인종 차별이 극심한 곳이었어요.

루츠와 제시는 전 세계가 지켜보는 가운데 당당히 **선입견**에 맞서는 선의의 힘을 드러낸 거예요.

훗날 제시는 그 순간을 이렇게 묘사했답니다. "루츠가 나와 친해진 것은 정말 용기 있는 일이었어요. 내가 가진 모든 메달과 우승컵을 녹인다 해도 그때 루츠에게 느낀 황금 같은 우정에는 비할 바가 못 됩니다. 우리가 포옹하는 모습을 보고 히틀러는 길길이 날뛰었겠지요."

두 선수는 계속 친구로 남았습니다. 루츠가 제2차 세계 대전에 나가 사망하자 제시는 직접 독일로 찾아가 루츠의 아들 카이를 만났지요. 그는 카이의 아버지를 이렇게 추모했어요. "인간 사이에서 중요한 유대는 그들 모두가 인간이라는 점에서 나올 뿐입니다."

다정함의 승리
케냐의 아벨 무타이와
스페인의 이반 페르난데스 아나야

케냐의 장거리 육상 선수 아벨 무타이는 크로스컨트리 경주 막바지에 갑자기 속도를 늦추었습니다. 잠시 헷갈린 나머지 자신이 이미 결승선을 통과해 1등을 차지했다고 생각했거든요. 하지만 사실 결승선은 아직 10미터나 남아 있었어요.

아벨의 우승은 따 놓은 당상처럼 보였는데, 그때 스페인 선수 이반 페르난데스 아나야가 나타나 아벨을 따라잡으려 했습니다. 관중은 숨을 죽였어요. 힘들게 10킬로미터를 달려온 아벨이 아슬아슬하게 우승을 놓칠 위기에 처했으니까요.

하지만 놀랍게도, 이반은 아벨을 앞서가서 영광을 차지하는 대신 아벨이 아직 결승선을 통과하지 않았다고 알려 주었습니다. 게다가 아벨이

CHAPTER 7

스페인어를 모른다는 사실을 깨닫고 그를 결승선까지 안내했지요. 아벨은 안도하여 가슴을 쓸어내리며 고마운 마음으로 상대를 돌아보았어요. 그리고 따뜻하게 웃으며 진심 어린 악수를 건넸지요.

왜 아벨의 실수를 이용하지 않고 도리어 그를 도왔느냐는 질문에 이반은 이렇게 대답했습니다. "내겐 꿈이 있거든요. 언젠가는 모두가 승리를 향해 서로 이끌고 도와주는 공동체를 만들고 싶어요."

이반은 경주에서 1등을 하진 못했지만 페어플레이와 다정함에 있어서는 누가 뭐래도 확실한 우승자였어요.

스포츠에서의 다정함

여성들의 자매애
뉴질랜드의 니키 햄블린과
미국의 애비 다고스티노

2016년 리우 올림픽 기간에는 육상 경주에서 놀라운 광경을 연출한 두 선수가 헤드라인을 장식했습니다. 좀처럼 예상할 수 없었던 사건이 일어났거든요.

뉴질랜드의 니키 햄블린과 미국의 애비 다고스티노가 출전한 5,000미터 경주에서 사고가 발생했어요. 니키가 비틀거리다 넘어졌고, 그로 인한 혼란 속에서 애비도 넘어져 버렸지요.

CHAPTER 7

　다른 선수들이 한참 앞질러 간 상황에서 애비는 힘들게 몸을 일으켰습니다. 그러고는 니키를 일으켜 주며 이렇게 말을 건넸어요. "일어나요, 끝까지 달려야지요."

　두 사람 모두 다쳐서 힘든 상태였지만 이를 악물고 함께 달려 나갔습니다. 그 와중에 애비가 한 번 더 넘어졌지만, 이번에는 니키가 애비를 일으키고 계속 달릴 수 있게 용기를 북돋아 주었어요.

　관중의 응원에 힘입어 두 선수는 완주에 성공했습니다. 애비는 마지막 1마일 내내 극심한 통증으로 절뚝거렸지만 결국 응원의 함성 속에 결승선을 통과했고, 기다리고 있던 니키가 애비를 포옹했어요.

　올림픽 우승의 꿈은 산산조각 났지만, 두 사람은 잊지 못할 추억을 나눴습니다.

　니키는 이렇게 말했지요. "정말이지 특별한 경험이었어요. 그 순간 느낀 선의와 감동을 생각하면……. 우린 정말 놀라운 순간을 함께한 거예요." 서로를 향한 두 사람의 다정한 행동은 2016년 올림픽에서 손꼽히게 아름다운 순간으로 남았답니다.

　애비와 니키는 메달 없이 올림픽 경기장을 떠났지만, 빈손으로 돌아가지는 않았습니다. 양쪽 모두 스포츠맨십을 발휘한 공로를 인정받아 국제 올림픽위원회에서 준 페어플레이상을 받았거든요.

생각해 보아요

1.
루츠 롱, 이반 페르난데스 아나야, 애비 다고스티노, 니키 햄블린의 행동에는 어떤 공통점이 있을까요?

2.
살아오면서 이득이 되지 않거나 심지어 손해 볼 것을 알면서도 다른 사람에게 다정하게 대한 경험이 있나요?

3.
이 장에서 만난 여섯 명의 선수들을 떠올려 보세요. 경기가 끝난 후 그들은 어떤 감정을 느꼈을까요?

CHAPTER 8

지구에 대한 다정함

지금까지 우리는 인류를 향한 다정함의 사연들을 살펴보았습니다. 하지만 인간이 다정해야 할 상대가 같은 인간만은 아니겠지요? 네, 그렇습니다.

인간이 살아가는 광활한 **생태계**에서는 모든 생물이 협력하여 물거품처럼 섬세한 생명의 군집을 이룬답니다. 이 거품을 터뜨리지 않으려면 정말로 조심해야 해요. 이제야 겨우 이 사실을 이해하게 된 사람들도 있지만, 일찍부터 놀라운 행동에 나선 사람들도 있지요.

이 장에서는 소중한 지구를 지키기 위해 나름대로의 발걸음을 내딛은 평범한 사람들의 이야기를 만나 봐요.

지구에 대한 다정함

바닷가에서 플라스틱을 줍다
인도의 아프로즈 샤

뭄바이의 바닷가 아파트로 이사 온 젊은 변호사 아프로즈 샤는 아름다운 해변을 카펫처럼 뒤덮은 플라스틱 쓰레기에 깜짝 놀랐습니다. 쓰레기가 어찌나 많은지 모래가 보이지 않을 정도였거든요! 쓰레기 더미 높이가 1.5미터를 넘는 곳도 있었습니다. 사람들이 내다 버린 쓰레기도 있었지만, 대부분은 파도에 떠밀려 온 쓰레기였어요.

아프로즈는 이웃에 사는 84세 노인 하반쉬 마투르와 함께 장갑을 끼고 바닷가로 나갔어요. 그러고는 쓰레기를 하나하나 줍기 시작했지요.

많은 이웃사람들이 아프로즈에게 소용없는 짓이라고, 쓰레기는 계속 쌓일 거라고 말했습니다. 그래도 아프로즈는 멈추지 않았지요. 서서히 자원봉사자들의 수가 늘었습니다. 뭄바이 빈민가 주민, 발리우드 스타, 정치인까지 다양한 사람들이 자원봉사에 참여했지요. 모두 함께 주말마다 무더위 속에서 썩어 가는 쓰레기를 주웠어요.

CHAPTER 8

2015년에 아프로즈와 하반쉬가 쓰레기 줍기를 시작한 이후로 지금까지 수천 명의 자원봉사자가 바닷가에서 수백만 킬로그램의 쓰레기를 수거했습니다. 한때는 쓰레기장이었던 곳이 해변의 모습을 되찾았지요.

야생 동물들도 이런 변화를 반기고 있어요! 2018년 3월 자원봉사자들은 뒤뚱거리며 바다로 나아가는 아기 거북 80여 마리를 목격했답니다. 그곳 바닷가에서 20년 넘게 자취를 감추었던 올리브각시바다거북이었지요.

아프로즈와 자원봉사자들은 지금도 여전히 인도의 바닷가, 강, 맹그로브 늪을 청소하고 있어요. 아프로즈의 영향으로 전 세계에서 바닷가 청소 운동이 시작되었지만, 그는 앞으로도 더 많은 사람들이 함께해 주길 바랍니다. "이 지구에는 70억 명 이상이 살고 있습니다. 그들 모두가 이 여정에 동참한다면 놀라운 성과가 나타날 겁니다. 여러분도 함께하시겠어요?"

햄버거 대기업과의 싸움
영국의 엘라와 케이틀린 매큐언

많은 가정집 곳곳에는 작은 플라스틱 장난감이 처박혀 있습니다. 아이가 장난감을 딱 한 번 갖고 논 다음 잊어버리기도 하지요. 초콜릿 달걀 안에 들어 있거나 외식을 하면 무료로 주는 장난감도 있고요. 여러분의 집에도 이런 장난감이 있나요?

크기가 작은 플라스틱 장난감도 환경에는 큰 문제가 됩니다. **분해**되는 데 500여 년이나 걸리니까요.

엘라와 케이틀린 매큐언은 각각 열 살과 여덟 살 때 학교에서 플라스틱 장난감 이야기를 듣고 행동에 나서기로 결심했답니다. 무엇을 할 수 있을지 엄마, 아빠와 의논한 후 두 자매는 패스트푸드에 플라스틱 장난감을 끼워 팔지 말라는 온라인 청원을 시작하기로 했어요.

가장 중요한 목표는 유명한 패스트푸드 대기업 맥도날드와 버거킹이 어린이 메뉴에 장난감을 끼워 팔지 못하게 막는 것이었습니다. 이 두 회사는 해마다 전 세계에서 10억 개 이상의 어린이 메뉴를 팔면서 엄청나게 많은 플라스틱 장난감을 뿌리고 있었으니까요.

시작은 미약했지만, 이들의 청원은 마침내 입소문을 탔습니다. 50만 명 이상이 엘라와 케이틀린에게 동의한다고 서명했어요. 두 자매는 영국의 맥도날드 본사까지 찾아갔답니다. 작은 플라스틱 장난감 2,000여 개가 담긴 카트 세 대를 끌고서요. 영국에서 5분마다 뿌려지는 공짜 장난감이 이렇게 많다는 것을 보여 주기 위해서였어요.

CHAPTER 8

　두 자매의 분명한 요구는 맥도날드와 버거킹의 조치를 이끌어 냈습니다. 두 회사 모두 영국, 아일랜드, 프랑스에서 어린이 메뉴와 함께 플라스틱 장난감을 제공하는 것을 중단했어요.
　이런 해피엔딩에 엘라와 케이틀린도 무척 기뻐했습니다. 지구를 염려하는 행동으로 큰 화제를 불러일으켰을 뿐만 아니라 커다란 변화까지 이끌어 냈으니까요. 이제는 다른 대기업들도 플라스틱 쓰레기를 줄이고 미래 세대를 위해 지구를 지키는 데 동참해 주었으면 한대요.

기후를 위해 법정에 서다
오스트레일리아의 안잘리 샤르마

2021년 청소년 기후 운동가 여덟 명과 수녀 한 명이 오스트레일리아 정부에 소송을 제기했답니다. 전 세계가 주목한 법정 싸움이었지요. 16세 안잘리 샤르마와 그 친구들은 대규모 탄광의 확장을 막으려고 했어요.

안잘리와 친구들은 정부가 석탄 생산을 늘리려고 한다는 데 경악했습니다. 석탄을 태우는 것이 환경을 오염시키는 에너지 생산 방식이라는 건 환경 전문가가 아니어도 다들 아는 일이니까요!

안잘리는 미래가 두려웠습니다. 오스트레일리아는 끔찍한 산불 피해를 입은 터였고, 인도에 사는 친척들은 이미 기후 변화에 따른 홍수로 고통 받고 있었거든요. 시간이 얼마 남지 않았다는 게 확실했지요. 후세대에 미칠 영향을 생각하지 않는 정책 결정권자들에게도 화가 났어요. 뭐라도 해야겠다는 생각이 들었지요!

안잘리는 친구 일곱 명과 함께 호주 환경부 장관을 상대로 소송을 시작했습니다. 86세의 브리짓 아서 수녀가 그들을 도왔어요.

 안잘리와 친구들, 그리고 변호사는 장관에게 기후 변화로 인한 미래의 피해로부터 청소년을 보호할 의무가 있다고 주장했습니다. 만약 장관이 탄광 확장을 허용한다면 자기 의무를 다하지 못하는 거라고요.

 심지어 판사도 그들의 의견에 동의했습니다. 아이들뿐만 아니라 전 세계가 깜짝 놀랐지요.

 하지만 안타깝게도 승리는 오래가지 못했습니다. 환경부 장관은 판결을 번복해 달라며 항소했고, 결국에는 승소했어요. 안잘리와 친구들이 막아 낼 뻔했던 탄광 확장은 그대로 진행되었지요.

 비록 이번 싸움에서는 승리하지 못했지만, 안잘리와 친구들은 지구를 위해서라면 누구든 목소리를 낼 수 있다는 본보기를 보여 주었습니다. 안잘리는 앞으로도 최선을 다해 기후 변화에 맞서 싸울 거예요. 사려 깊은 **세계 시민**으로서 다른 선택의 여지가 없으며, 그것이 자신의 의무라고 믿으니까요.

생각해 보아요

1.
아프로즈 샤의 행동이 인도와 전 세계의 해변에 어떤 영향을 미쳤나요?

2.
엘라와 케이틀린 매큐언은 아직 초등학생이었을 때 플라스틱 장난감 반대 운동에 나섰습니다. 여러분의 어떤 작은 행동이 세상을 긍정적으로 변화시킬 수 있을까요?

3.
이 세 가지 이야기가 '지구에 상냥하기'와 관련해 무엇을 알려 주었나요?

CHAPTER 9

동물을 향한 다정함

인간과 동물은 오랫동안 밀접한 관계를 유지해 왔습니다. 인간도 결국 동물의 일종이니까요! 지구를 공유하는 크고 작은 생물들과 협력하는 건 우리에게도 유익한 일이랍니다.

헤엄치는 사람들을 상어로부터 구해 낸 영리한 돌고래 이야기를 아시나요? 주인이 슬퍼할 때를 알아차리고 위로해 주는 반려견 이야기는요? 인간에게 친절을 베푼 동물 이야기는 무수히 많아요. 게다가 크든 작든 모든 생물은 지구에서 중요한 역할을 하고 있으니, 우리는 그들 모두에게 다정해야 하지요.

이 장에서는 살아남기 위해 애쓰는 동물들을 발견하고 그들을 도우러 나선 사람들을 만나 볼 거예요.

곰 구조대
이탈리아의 살비아모 로르소

01 탈리아의 수줍은 마르시칸 갈색곰은 전 세계를 통틀어도 손꼽힐 만큼 순한 곰입니다. 뿌리, 과일, 꿀을 먹고 살지만 가끔 작은 동물을 잡아먹기도 해요. 먹이를 찾거나 좋아하는 나무에 몸을 비빌 때 말고는 혼자 있기를 좋아하지요.

인간 쪽에서는 이렇게 순한 곰을 두려워할 필요가 없지만, 곰은 인간에 대해 그렇게 생각할 수가 없답니다! 인간들은 양봉장, 과수원, 목장을 지

CHAPTER 9

켜야 한다는 생각에 곰을 사냥하고 독살하기도 하니까요.

게다가 인간이 넓은 땅을 경작하고 더 많은 집과 도로를 건설하면서 곰들의 **서식지**가 파괴되는 피해를 입었습니다. 한때는 수백 마리의 마르시칸 갈색곰이 아펜니노산맥을 돌아다녔지만, 이젠 아브루초 국립공원과 그 주변 산에 고작해야 50마리가 살고 있어요.

하지만 다행히 곰들이 완전히 사라지지는 않았어요. 자연 애호가들의 헌신과 다정함 덕분이지요. 2012년에 곰을 사랑하는 사람들이 모여 '살비아모 로르소(Salviamo l'Orso, 곰을 구합시다)'라는 자선 단체를 설립했거든요.

자원봉사자들은 산에 설치된 위험한 철조망을 제거하고, 곰이 밤중에 길가로 나오지 않도록 번잡한 도로에 빛과 소리를 반사하는 반사판을 설치합니다. 봄에는 야생 사과나무와 벚나무를 가지치기해요. 가을이면 곰이 농부들에게 피해를 끼치지 않고 공짜 과일을 즐길 수 있게요.

과수원, 양봉장, 목장 주변에 전기 울타리를 설치하기도 하지요. 이렇게 하면 굶주린 곰으로부터 농작물을 보호할 뿐만 아니라 성난 농부들로부터 곰을 보호할 수도 있어요!

가장 어려운 임무는 **야생동물 통로**를 만드는 일입니다. 곰들이 인공 장애물에 부딪치지 않으면서 안전하게 인근 국립공원으로 이동할 수 있는 통로지요. 야생동물 통로를 만들려면 과일과 견과류 나무를 심고, 도로 아래 파묻힌 옛 통로를 곰이 이용할 수 있게 정리해 줘야 해요.

결실을 맺기까지 무척 오래 걸리는 고단한 작업입니다. 하지만 자원봉사자들은 멸종 위기에 처한 곰을 사랑하고 존중하는 마음으로 임무를 수행하고 있답니다.

CHAPTER 9

수염수리 키우기
스페인의 알렉스 요피스 델

위 풍당당한 수염수리는 한때 스페인에서 발칸반도에 이르는 남부 유럽의 산맥들을 자유로이 날아다녔습니다. 하지만 마르시칸 갈색곰과 마찬가지로 사냥과 불법 야생동물 독살, 서식지 교란으로 멸종 직전에 이르렀지요.

사실 수염수리는 열성적인 **동물 보호 운동가**들의 노력이 아니었다면 지금쯤 유럽에서 사라졌을 거예요. 그중 한 사람인 알렉스 요피스 델 박사는 이 놀라운 새를 구조하기 위해 어떤 일도 마다하지 않아요.

알렉스는 스페인 카탈루냐의 수염수리 포획 사육 센터에서 일하고 있습니다. 야생에 방사할 아기 독수리를 부화하고 키우는 일을 거들지요. 위기에 처한 수염수리를 도우려고 수컷 독수리 한 마리와 공동으로 새끼를 돌볼 만큼 열성적이에요.

알렉스의 파트너는 독수리 카하소예요. 카하소는 동물원에서 **인공 사육**되어서 어릴 때부터 인간의 손에서 자랐지요. 그래서 이제 자기가 인간이라고 믿는답니다(전문가들은 이를 가리켜 **인간 각인 현상**이라고 한대요).

매년 초가을이면 알렉스와 카하소는 함께 양육 준비에 들어갑니다. 나뭇가지와 양털로 둥지를 만들어요. 둥지가 완성되면 알렉스는 가짜 알을 집어넣고, 야생 수염수리처럼 카하소와 번갈아 가며 알을 품어요.

9월부터 이듬해 3월까지 알렉스는 하루 한 시간씩 가짜 알을 품고, 포획 사육 센터 직원들은 진짜 수염수리 알을 기계에 넣어 **부화**시켜요. 부상이

CHAPTER 9

나 그 밖의 이유로 알을 품을 수 없는 다른 수염수리 커플의 알이지요.

진짜 알이 부화하면 알렉스는 가짜 알과 보송보송한 아기 새를 바꿔치기한답니다!

카하소도 보통은 아기 새를 받아들여 돌보기 시작해요. 따뜻하게 감싸 주고 고기 조각도 먹여요. 아기 새가 충분히 자라서 튼튼해지고 나면 야생에 방사하지요.

알렉스와 카하소는 일 년에 한 마리씩 새끼를 키워서 수염수리 야생 방사에 중요한 역할을 하고 있어요. 독수리 보호 운동가들이 애쓴 덕분에 지금까지 340마리 이상의 아기 독수리가 야생에 방사되었대요. 수염수리가 다시 유럽의 산맥을 날아다닐 수 있게 된 거예요!

생각해 보아요

1.

살비아모 로르소는 아브루초 국립공원과 주변 산의 곰들을 안전하게 지키기 위해 어떤 일들을 했나요? 동물들을 안전하게 지키려고 놀라운 일들을 해낸 사람들의 또 다른 사례가 있을까요?

2.

알렉스 요피스 델의 다정한 행동은 남부 유럽에서 수염수리의 멸종을 막는 데 어떻게 공헌했나요?

3.

여러분은 매일 마주치는 동물에게 어떤 식으로 다정하게 대할 수 있을까요? 야생 새에게 먹이를 주든 반려견을 산책시키든 다정한 행동이라면 뭐든 좋아요.

CHAPTER 10

다정한 관습들

인간이 다양한 것처럼 다정함도 다양한 형태로 나타납니다. 큰 행동은 위대하고 용감하게 보이지만, 작은 행동도 그 못지않게 중요해요. 지극히 사소한 행동도 놀라운 파급 효과를 일으킬 수 있으니까요.

이 장에서는 소박하고 다정한 행동을 **문화**와 **관습**의 핵심으로 삼는 여러 공동체를 만나 봐요. 이들은 누구나 매일 무언가 실천할 수 있다는 사실을 기쁘게 여긴답니다. 누군가를 웃게 하는 것부터 다른 사람을 위해 문을 열어 주는 것까지 사소하지만 다정한 세상을 만들어 갈 수 있는 행동들이지요.

다정한 관습들

이란
친절의 벽

친절의 벽은 사람들이 갈고리나 못에 이런저런 기증품을 걸어 두는 곳입니다. 누구든 찾아와서 필요한 물건을 가져갈 수 있어요.

친절의 벽이 탄생한 것은 2015년 이란에서였습니다. **마슈하드**라는 도시에서 어느 친절한 사람이 따뜻한 옷들을 벽에 걸어 놓고 옆에 이렇게 적었어요. "필요 없으면 그냥 두세요. 필요하면 가져가세요."

이 아이디어는 다른 사람들에게도 영감을 주었습니다. 머지않아 더 많은 사람들이 물건을 가져와 벽에 걸어 두기 시작했어요.

어느새 중국 류저우, 영국 런던, 아일랜드 코크, 아프가니스탄 카불 등 세계 여러 도시에 친절의 벽이 생겨났답니다.

CHAPTER 10

일본
오모테나시

본 축구 팬들은 국가 대표 팀을 응원하러 갈 때마다 시합 이후 경기장 직원들과 함께 쓰레기를 줍는답니다.

이는 **오모테나시 철학**에서 나온 전통입니다. 오모테나시란, 모든 사람을 배려하고 존중하며 그 어떤 대가도 바라지 않고 최대한 친절하게 대해야 한다는 생각이지요.

오모테나시는 수백 년 전으로 거슬러 올라가는 일본 전통 다도에서 비롯되었습니다. 다도 의식을 주최하는 사람은 손님이 즐거울 수 있게 최선을 다해야 하지요.

오늘날에도 일본 생활 곳곳에서 오모테나시를 접할 수 있습니다. 일본에서는 뭔가를 잃어버리더라도 되찾을 가능성이 큽니다. 물건만이 아니라 돈도 마찬가지예요. 집 공사를 하려는 사람은 먼저 이웃사람들에게 세탁 세제를 선물로 건네는 관습이 있어요. 혹시 공사로 옷이 더러워지면 써 달라는 거지요!

일본을 방문한 사람들은 오모테나시가 전염성이 있다고 말합니다. 배려를 받다 보면 자연스럽게 남을 배려하는 마음도 생기게 마련이니까요. 모든 방문객이 이런 마음을 가지고 집으로 돌아간다면 어떻게 될지 상상해 보세요!

다정한 관습들

CHAPTER 10

인도네시아
세상에서 가장 인심 좋은 나라

계에서 가장 인심 좋은 나라, 즉 기부를 가장 많이 하는 나라가 어디인지 짐작이 되나요? 부유한 선진국일 거라고 생각하겠지만, 실은 그렇지 않답니다!

최근에 세계적으로 손꼽히는(1위를 차지하거나 적어도 10위 안에 들 만큼) 인심 좋은 나라는 바로 인도네시아예요.

전 세계 사람들이 타인을 위해 얼마나 많은 기부를 하는지 측정하는 세계기부지수(WGI)에 따르면, 인도네시아 사람들은 돈을 기부하고 낯선 이를 돕고 자원봉사에 나설 가능성이 다른 여러 나라 국민보다 더 높다고 합니다. 왜 그럴까요?

주된 이유는 종교입니다. 인도네시아는 전 세계에서 무슬림 인구가 가장 많은 나라지요. **이슬람의 다섯 기둥**(주요 관행) 중 하나인 **자카트**는 개인이 매년 일정 금액을 자선 단체에 기부하도록 권장하는 관습이에요.

또 다른 이유는 인도네시아의 전통인 **고통 로용**입니다. 고통 로용은 품앗이, 즉 공동체를 위해 다 함께 일하는 것을 말해요. 이런 전통은 이타적인 생활 방식을 촉진하지요.

누군가 집을 지으면 이웃사람들이 거들어 줘요. 한 가족이 결혼 피로연을 연다고 하면 온 동네가 음식을 만들고 상을 차리지요. 공동체 구성원들은 함께 문제를 해결하고, 공공장소를 청소하고, 힘든 시기에는 서로를 보살펴요.

고통 로용은 인심이란 단순히 돈을 내는 것이 아님을 보여 줍니다. 누구나 시간과 기력, 웃음과 배려, 그리고 다정함을 사람들에게 베풀 수 있으니까요.

CHAPTER 10

이탈리아 나폴리
카페 소스페소

갑작스러운 행운이나 예상 밖의 기쁜 순간이 찾아와서 다른 사람에게도 그 행복을 전해 주고 싶었던 적이 있나요? 심지어 전혀 모르는 사람이라도 말이에요.

오래전 이탈리아 나폴리에서 시작된 **카페 소스페소**는 이렇게 행복을 전달하고 싶은 마음에서 나온 멋진 전통입니다. 카페 소스페소란 '맡겨 둔 커피'라는 뜻인데, 다음과 같은 방식으로 작동하지요.

기분 좋은 하루를 보냈거나 선행을 하고 싶은 사람은 카페에 가서 커피 두 잔 값을 내고 한 잔만 마실 수 있습니다. 그러면 돈이 없는 다른 손님이 와서 앞사람이 지불한 커피를 마시는 거예요.

커피를 마시면 그 손님의 기분도 나아지겠지요. 누가 알겠어요? 그 사람도 영감을 받아 착한 일을 할지도 몰라요.

카페 소스페소는 익명의 단순한 선행이지만 강력한 영향력을 보여 주었습니다. 나폴리에서 소소하게 시작된 관습이 이제는 전 세계로 퍼져 나갔으니까요.

우분투
아프리카의 여러 나라

아프리카는 54개 나라로 이루어진 거대한 대륙입니다. 아프리카 대륙의 여러 나라 사람들에게 중요한 단어가 있는데, 바로 '**우분투**(Ubuntu)'지요. 이 단어의 유래인 아프리카 남부 속담 "우문투 응구문투 응가반투."는 다음과 같이 번역할 수 있어요. "네가 있기에 내가 있고, 우리가 있기에 네가 있다." 다시 말해 우리 모두는 연결되어 있으며, 그 연결이 우리를 인간으로 만든다는 것이지요.

상대가 아는 사람인지 모르는 사람인지는 중요하지 않습니다. 그 사람에게 연민과 이해를 보이는 것이 우리의 의무니까요. 그렇게 서로를 지지하고 도움으로써 우리는 더욱 행복해지고 성취감을 느낄 수 있어요. 한 사람의 성공과 행복이 곧 모두의 성공과 행복이 되는 거예요.

우분투를 옹호한 유명 인물로는 남아프리카공화국 최초의 흑인 대통령인 넬슨 만델라(21페이지 참조), 주교이자 아파르트헤이트(사람들을 인종에 따라 분리하는 법적 정책, 21페이지 참조) 반대 운동가인 데스몬드 투투가 있습니다. 두 사람 모두 노벨 평화상 수상자이기도 해요.

데스몬드 투투의 말을 들어봅시다. "우리는 흔히 자신을 한 개인으

CHAPTER 10

로만 생각하지만, 우리 모두는 서로 연결되어 있으며 우리의 행동은 전 세계에 영향을 미칩니다."

남아공에서는 만델라와 투투를 비롯한 많은 이들의 노력으로 우분투 사상이 채택되었습니다. 덕분에 아파르트헤이트를 평화롭게 종식시키고 남아공 국민이 단합된 미래를 위해 협력할 수 있었어요.

만델라는 이렇게 말했습니다. "그 누구도 태어날 때부터 피부색이나 배경, 종교 때문에 다른 사람을 미워하진 않습니다. 미워하는 법은 살아가면서 배우게 되지요. 그리고 미워하는 법을 배울 수 있다면 사랑하는 법도 배울 수 있습니다. 사랑은 인간의 마음에 미움보다 더 자연스럽게 찾아오니까요."

다정한 관습들

영국 런던
다정한 지하철

어느 날 런던 지하철에 탄 예술가 마이클 랜디는 한 승객이 다른 승객을 돕는 광경을 목격했습니다. 두 승객은 서로 전혀 모르는 사이였어요.

그 광경을 보고 크게 감동한 마이클은 런던 지하철에서의 일상적 다정함

CHAPTER 10

을 드러내기 위한 예술 프로젝트에 착수했습니다. 프로젝트 이름은 '다정한 행위'였지요.

마이클은 승객들과 직원들에게 지하철에서 보거나 겪은 이야기를 보내 달라고 요청하는 것으로 프로젝트를 시작했습니다. 그리고 수집한 이야기를 여러 장의 포스터로 만들어 열차와 플랫폼에 붙였지요.

온갖 놀라운 이야기가 넘쳐났습니다. 헬륨 풍선을 놓친 남자아이가 객차 끝까지 날아가는 풍선을 힘없이 바라보고 있었는데, 승객들이 웃음 지으며 차례차례 풍선을 손으로 튕겨 아이에게 되돌려 보냈다는 사연도 있었어요.

울고 있던 한 여성이 맞은편에 앉은 승객으로부터 휴지와 따뜻한 미소를 전달받은 사연도 있었습니다. 뺨에 묻은 페인트 때문에 가렵다고 칭얼대는 여자아이에게 물티슈를 통째로 건네준 먼지투성이 건설 인부도 있었고요. 사연들이 끝없이 이어졌습니다!

마이클은 이렇게 설명합니다. "무엇이 우리를 인간답게 만드는지, 무엇이 우리를 이어 주는지 알아보고 싶었습니다. 내게 있어 그 답은 연민과 다정함입니다."

생각해 보아요

1.
이 장에 소개된 모든 관습의 공통점은 무엇일까요?

2.
무슨 관습이 가장 마음에 들었나요? 그 관습은 어떤 면에서 세상이 더 나아지게 하나요?

3.
여러분의 집이나 학교에서 실천할 만한 다정한 세상을 만드는 데 도움이 되는 관습이 있나요?

결론

이 책의 머리말에 등장한 외계인 방문객을 기억하나요? 그 외계인이 이 책에 실린 이야기 한두 개만이라도 읽을 수 있다면, 지구를 좀 더 돌아다니며 더욱 많은 것을 알아보고 싶어질 거예요. 인간이 다정함이라는 초능력을 발휘할 때 얼마나 놀라운 존재가 될 수 있는지 보여 주는 이야기들이니까요.

결론

　스위스 사업가 앙리 뒤낭의 연민(40페이지 참조)에서 르 샹봉 마을 주민들의 용기(15페이지 참조)까지 모든 이야기가 인간의 마음속에서 반짝이는 다정함의 광맥을 찾아내기란 그리 어렵지 않다는 사실을 보여 주지요.

　그러니 설사 못되게 구는 사람을 보거나 속상한 말을 듣더라도, 옳은 일을 하고 남에게 다정한 사람들이 그렇지 않은 사람들보다 더 많다는 것을 기억하세요. 만약 여러분이 오늘 누군가에게 미소를 보냈다면 여러분도 다정한 사람들 중 하나랍니다! 초인적인 영웅의 행동만이 세상을 바꿀 수 있는 건 아니니까요. 다정한 행동은 크고 작음을 떠나 하나같이 귀중해요. 그런 다정함 하나하나가 다른 사람들도 다정해지도록 영감을 주고, 나아가 더욱 다정한 세상을 만드는 데 보탬이 되니까요.

　무엇보다도 여러분이 누구든, 어디에 살든, 어떤 일을 하든 항상 다정할 수 있다는 사실을 명심하세요. 다정함이 가장 쉬운 선택이 아닐 때도 있겠지만, 그럼에도 항상 옳은 선택일 거예요.

　더 이상 망설일 필요가 있을까요?

　우리 모두 함께 나서서 다정한 세상을 만들어 봐요.

맺음말
나 자신에게 다정하기

나 자신에게 다정하기

살다 보면 다른 사람에게 다정하게 대할 기회가 너무나 많지요. 그렇다 보니 정작 누구보다도 다정함이 필요한 사람은 나 자신이라는 점을 잊어버릴 수 있어요!

헛소리처럼 들릴지도 모르지만 분명한 사실입니다. 생각해 봐요. 나 자신이 괴로운 상황이라면 어떻게 다른 사람의 문제를 해결해 줄 수 있겠어요?

그러니 다른 사람뿐만 아니라 자기 자신도 보살펴야 한다는 사실을 기억하세요. 다정함은 뭐든 거절하지 않고 받아들이거나 모든 일을 혼자서 떠맡는 것이 아니라 다른 사람들과 우리 자신을 지지하고 배려하는 것이니까요.

때로는 자신의 기분을 돌아보는 여유를 가지세요. 필요한 만큼 멈춰서 쉬어 간다면 더욱 친절한 사람이 될 수 있어요!

다정함을 가르친 위인들

수천 년 동안 세상에서 가장 현명한 사상가들이 다정함의 중요성을 논의하고 기록해 왔습니다. 이들은 인생을 잘 사는 길이 무엇인지 심사숙고한 끝에 행복하게 살려면 다정해져야 한다는 결론을 내렸지요.

다정함의 중요성을 강조한 사상가들을 만나 그들의 말을 들어 봐요.

다정함을 가르친 위인들

고타마 싯다르타
(기원전 563~483년)

"세상의 진정한 힘은 자비심에 있습니다."

고타마 싯다르타는 불교 최초의 정신적 지도자였습니다. 부처라고도 알려진 싯다르타가 세상 사람들을 가르치기 시작한 것은 대략 2,500년 전이었어요.

불교의 주요 가르침은 자비심, 즉 **카루나**를 실천하는 것입니다. 자비심이란, 인간이든 동물이든 고통 받는 모든 생명체에 관심을 가지고 그들을 도우려는 마음이에요. 예를 들어, 아픈 친구를 돌봐 주고 싶은 마음도 카루나에 해당하지요. 부처는 이 세상 모두가 서로에게 자비를 베풀 수 있다고 가르쳤답니다.

부처의 또 다른 가르침은 **메타**, 즉 다정한 친절을 실천하는 것의 중요성입니다. 메타는 다른 사람이 도와달라고 요청하기 전에 먼저 사랑과 친절을 베푸는 일이에요. 친구를 기쁘게 해 주려고 다정하게 행동하는 것도 메타에 해당하겠지요.

티베트의 정신적 지도자인 제14 대 달라이 라마는 이를 다음과 같이 명쾌하게 표현했습니다. "자비심을 키우는 것이야말로 더욱 복되고 번성한 세상의 열쇠입니다. 종교를 가질 필요도 없고 이념을 신봉할 필요도 없습니다. 모든 인간이 선한 인간성을 갈고닦기만 하면 됩니다."

다정함을 가르친 위인들

공자
(기원전 551~479년)

"네가 원하지 않는 바를 남에게 베풀지 말라."

인도에서 불교가 전파되던 무렵, 중국에서는 역사상 가장 유명한 철학자 중 하나인 공자가 사람들을 가르치고 있었습니다.

공자는 무질서와 혼란이 극심한 시대를 살아가면서도 인간의 본성이 선하다고 믿었습니다. 사람들이 노력하여 서로를 바르게 대한다면 사회가 다시 옳은 길로 나아갈 수 있으리라고 확신했지요.

공자는 사람이 가져야 할 가장 중요한 자질이 '인(仁)'이라고 말했습니다. 인이란 **박애**, 즉 친절함을 뜻한답니다! 공자는 누구나 마음속에 인을 가지고 태어났기에 그것을 키우기만 하면 된다고 믿었어요. 오늘날 공자의 가르침은 『논어』라는 책에서 찾아볼 수 있습니다.

다정함을 가르친 위인들

아리스토텔레스
(기원전 384~322년)

"선한 사람은 자신을 사랑해야 합니다. 그는 고상하게 행동함으로써 자신을 복되게 하고 동료들을 도울 수 있기 때문입니다."

아리스토텔레스는 고대 그리스에서 존경받는 철학자였습니다. 과학과 정치, 우정, 행복, 친절에 관해 글을 쓰고 연설하기도 했지요.

아리스토텔레스는 친절하고 다정한 사람이 되려면 자기 자신에게서 시작해야 한다고 말했습니다. 자신에게 친절하지 못하면서 어떻게 다른 사람을 사랑하고 존중하는 법을 알 수 있겠느냐고요.

아리스토텔레스는 건전한 자기애와 불건전한 자기애가 있다고 지적했습니다. 다른 사람의 요구보다 자신의 요구를 우선시하거나 정당한 몫보다 더 많이 가지려는 사람은 불건전하고 이기적인 자기애를 지녔기에 다른 사람을 제대로 사랑할 수 없다고 말했지요.

하지만 선한 사람, 용감하고 너그럽고 친절하고 충실하며 신뢰할 수 있는 사람은 건전한 방식으로 자신을 사랑할 수 있습니다. 이런 종류의 자기애를 오늘날에는 **자존감**이라고 해요. 자신을 존중하고 소중히 여긴다는 의미지요. 자존감을 지닌 사람은 다른 사람을 제대로 사랑할 수 있답니다. 한마디로 다른 사람뿐만 아니라 자신에게도 친절해야 한다는 거예요!

다정함을 가르친 위인들

루미
(1207~1273)

"우리의 선행은 신성한 사랑의 무지갯빛 날갯짓입니다. 나눔은 그것이 끝난 후에도 오래도록 여운을 남기며 다른 사람들에게 선한 영향을 미칩니다."

루미(잘랄 아드딘 아르)는 13세기에 오늘날 터키의 콘야 지역에서 살았던 시인이자 작가, 무슬림 학자였습니다.

루미는 관용, 인내, 사랑, 연민, 친절의 중요성에 관해 가르치고 글을 썼습니다. 위의 문장은 그의 가장 유명한 시구 중에서 인용한 것으로, 이 책 1장에서 살펴본 것처럼 다정한 행동이 이후로도 아주 오랫동안 사람들의 삶에 영향을 미친다는 것을 보여 주지요.

루미의 시는 전 세계 여러 언어로 널리 번역되었습니다. 그의 시가 너무 유명해지다 보니 자동차 범퍼 스티커나 냉장고 자석에서도 종종 그가 남긴 격언을 발견할 수 있답니다!

다정함을 가르친 위인들

장자크 루소
(1712~1778)

"다정함보다 더 위대한 지혜가 어디 있겠습니까?"

스위스 철학자 장자크 루소는 공자와 마찬가지로 인간은 본래 선하다고 믿었습니다. 문제는 인간이 항상 선하게 살지는 않는다는 것이었지요. 그래서 루소는 사람들이 이기적으로 변해 가는 것을 막을 방법이 없을지 고민했습니다. 그리고 교육이 하나의 방법이라는 결론을 내렸어요.

루소는 어른이 아이에게 모범을 보이는 것이 중요하다고 말했습니다. "여러분, 동료 인간들에게 다정하게 대하십시오. 연령과 지위를 떠나 누구에게든 다정하게 대하는 것이 여러분의 첫 번째 의무입니다." 또한 루소는 다정함이란 어려움에 처한 사람에게 돈과 물건을 내주는 것 이상의 일이라고 경고했지요.

"지갑을 열 때는 마음도 함께 열어야 합니다. 그러지 않으면 지갑을 열어 봤자 헛된 일입니다. 여러분의 시간, 관심, 애정, 자기 자신을 내주어야 합니다. 다른 사람들을 사랑하십시오. 그러면 그들도 여러분을 사랑할 것입니다."

다정함을 가르친 위인들

가브리엘라 미스트랄
(1889~1957)

"하지만 큰일을 해내야
성취로 인정받을 수 있다는 착각에 빠지지
말라.
세상에는 작지만 선한 봉사의 행동도 존재
하니.
식탁을 예쁘게 차리고,
책을 가지런히 꽂고,
여자아이의 머리를 빗겨 주는 일처럼."

칠레의 시인이자 교사, 외교관인 가브리엘라 미스트랄은 라틴아메리카 최초의 노벨 문학상 수상자이기도 했습니다. 본명은 루실라 고도이 알카야가였지만 가브리엘라 미스트랄이라는 필명을 사용했지요.

미스트랄은 평생 동안 용감하게 라틴아메리카 원주민, 여성, 어린이, 빈민 등 사회에서 소외된 계층의 권리 옹호에 나섰습니다.

다정함과 연민은 미스트랄의 시에서 중요한 주제였어요. 위의 문장은 그의 가장 유명한 시 중 하나인 〈봉사의 즐거움〉에서 인용한 것으로, 작은 친절의 행동도 큰 친절만큼 중요하고 의미 있다고 강조합니다.

다정함을 가르친 위인들

안네 프랑크
(1929~1945)

"모든 사람이 서로 베풀고 다정한 말을 아끼지 않는다면 이 세상은 훨씬 더 다정하고 정의로워질 텐데!"

안네 프랑크는 독일에서 태어난 유대인 여자아이였습니다. 나치 치하에서 일어난 유대인 학살의 희생자였지요. 2년 동안 가족과 함께 암스테르담의 비좁은 은신처에 숨어 지낸 경험을 기록한 일기로 유명합니다.

안네는 끔찍한 일들을 보고 겪으면서도 여전히 다정함의 힘을 굳게 믿었지요. 은신처에 숨어 살면서도 이 주제를 생각하고 글로 쓰면서 많은 시간을 보냈답니다. 안네가 남긴 일기는 지금까지도 전 세계에서 읽히고 있어요. 안네는 이렇게 적었지요. "눈을 뜨자, 나부터 먼저 옳은 일을 하자! 뭐든 베풀 수 있는 것을 베풀자! 우리는 언제든 남에게 뭔가를 베풀 수 있다. 그저 하나의 다정한 행동일지라도."

"일단 주면 내가 생각했던 것보다 훨씬 더 많이 돌려받을 것이다. 주고 또 주어야 한다. 계속 소망하고 노력하고 베풀자! 베푸는 사람은 절대 가난해지지 않으니까!"

마야 앤절로
(1928~2014)

"나는 확신합니다. 한 곳에서의 선행은 어디에서나 선한 행동이라고요."

마야 앤절로는 미국의 작가이자 시인, **시민권** 운동가입니다. 1928년 미주리주 세인트루이스에서 태어나 인종 분리와 뿌리 깊은 인종 차별의 시대를 헤쳐 나왔지요.

앤절로는 글을 강력한 도구로 삼아 불의를 고발했습니다. 어떻게 하면 모두가 살기 좋은 정의롭고 평등한 세상을 만들 수 있을지 이야기했어요. 평생 동안 자신의 경험을 바탕으로 시와 이야기, 에세이를 썼습니다. 친절, 용기, 희망이 담긴 지혜로운 메시지는 지금까지 온 세상 사람들에게 영감을 주고 있지요.

앤절로는 다정함에 관해 이런 말들을 남겼습니다.

"세상이 나아지길 바라면 옳은 일을 하세요. 지금 여러분이 있는 자리에서. 그러면 세상은 나아질 겁니다. 나아져야 합니다. 하지만 그건 우리의 행동에 달려 있습니다."

"변화를 원한다면 사람들을 하찮은 돌멩이처럼 그냥 지나치지 말고 먼저 말을 걸어 보세요. 여러분이 살아 숨 쉬고 있는 한, 선행에 늦은 때란 없습니다."

다정함을 가르친 위인들

마사 누스바움
(1947~)

"지식은 선한 행동을 보장하지 않지만, 무지는 사실상 악한 행동을 보장한다."

　마사 누스바움은 오늘날 가장 저명하고 존경받는 철학자 중 하나입니다. 그는 우리가 모든 인간에게 관심과 존중을 보일 뿐만 아니라 동물에게도 똑같은 관심과 존중을 보여야 한다고 믿지요.
　이런 신념은 우리가 단지 한 나라만이 아니라 전 세계의 시민이라는 생각에서 나왔습니다.
　우리는 세계 시민이기에 조국뿐만 아니라 다른 모든 나라에서 전쟁, 영양실조, 질병 등의 비극으로 고통 받는 수백만 명의 사람들을 보살피고 돕도록 애써야 한다는 것이지요.
　문제는 사람들 대부분이 국경선 밖의 사람들에게는 관심이 없다는 점입니다. 마사의 조국인 미국뿐만 아니라 다른 여러 나라에서도 그렇지요.
　루소와 마찬가지로 누스바움은 사람들의 관심을 넓히고 더 나은 세상을 만들어 갈 열쇠가 교육이라고 믿습니다.
　사람들을 올바르게 교육한다면 자비로운 세계 시민이 되는 법을 가르칠 수 있을 거라고요.

용어 설명

제2 차 세계 대전
1939년에 시작되어 1945년에 끝난 대규모 전쟁. 독일, 이탈리아, 일본 등 군국주의 파시즘 국가들과 미국, 영국, 프랑스 등의 연합국 사이에서 벌어졌다.

고통 로용
힘을 모아 지역 사회와 사람들을 돕는 인도네시아의 전통.

골수
뼛속에 채워져 있는 혈관이 풍부한 조직.

골수 이식 수술
인체에서 이상이 생긴 골수를 제거하고 기증자의 건강한 골수로 대체하는 수술.

관습
오랫동안 지속되어 온 신념이나 행동 방식.

관용
인종, 성별, 신체 능력 등 개인의 차이와 관계없이 모든 사람을 받아들이고 정당하게 대우하는 것.

낙천주의자
가능한 한 최선의 미래를 희망하는 사람.

남부 연합
19세기 미국 남북전쟁에서 노예 제도에 찬성했던 주들의 모임. 보통 '남부'라고 한다.

내전
한 나라나 지역 내에서 두 개 이상의 집단 간에 벌어지는 전쟁.

논바이너리(non-binary)
자신을 여성이나 남성으로 인식하지 않는 성 정체성. 논바이너리인 사람은 성별 이분법의 어느 쪽도 아니거나 그 사이 어딘가에 속할 수도 있다.

독재자
한 국가와 국민에 대해 절대 권력을 휘두르는 통치자.

동물 보호 운동가
위기에 처한 동물종을 연구하고 보살펴서 멸종하지 않게 보호하는 사람.

용어 설명

등록부
어떤 공통점을 가진 사람들, 예를 들어 적합한 환자에게 골수를 기증하려는 사람들을 등록하는 명부.

마장 마술
말과 기수가 심사위원 앞에서 춤이나 연기를 펼치는 승마 경기의 한 종류.

메타
'다정한 친절'을 실천하는 불교의 수행.

문화
특정한 집단의 관습과 전통.

민간인
군대에 소속되어 있지 않으며 전쟁터에 나가서 싸우지 않는 사람.

박애
이기심 없이 모든 사람을 사랑하는 마음.

박해
어떤 개인이나 집단이 인종이나 종교 등 다른 집단과의 차이로 부당한 대우를 받는 일.

반역
어떤 개인이나 집단이 나라를 배신하는 행위.

방사선
방사능 원소가 붕괴될 때 빠른 속도로 방출되는 입자의 선.

부화
새처럼 알을 낳는 동물이 알을 따뜻하게 품어 새끼가 나오게 하는 것.

북부 연방
미국 남북전쟁에서 노예 제도를 없애고자 했던 주들의 모임. 흔히 '북부'라고 한다.

분해
어떤 물질이 시간이 지나면서 작게 쪼개져 사라져 가는 것.

블로그
개인이 취미나 관심사, 생활에 관한 글을 올리는 온라인 공간.

비스코트-올드리치 증후군
백혈병과 비슷하게 면역 체계와 골수에 영향을 미치는 유전성 질환.

사회
함께 생활하고 일하는 사람들의 집단.

생태계
서로 의존하며 살아가는 동식물 및 그 주변 환경의 복합 체계.

용어 설명

서식지
야생 동식물이 자리 잡고 살아가는 곳.

선거
투표를 통해 공적 권력을 행사할 사람을 결정하는 과정.

선입견
어떤 사람이 다른 사람들과 다르다는 이유로 함부로 판단하거나 미워하거나 나쁘게 대하는 태도.

선체
배의 몸체.

성적 지향
개인이 성적으로 혹은 감정적으로 이끌리는 성별.

성 정체성
개인이 인식하는 자신의 성별. 여성, 남성, 논바이너리 등이 있다.

세계 시민
이 책을 읽고 있는 여러분을 비롯해 지구에 살고 있는 모든 사람들.

소수자
한 사회에서 전체 인구의 절반 미만에 속하는 정체성을 가진 사람.

시민권
한 사회의 모든 사람들에게 동등한 사회적·정치적 권리(투표, 결혼 등)를 보장하는 것.

신경 전달 물질
여러 신체 부위에 정보를 전달하여 해야 할 일을 알려 주는 체내 화학 물질.

아파르트헤이트
남아프리카공화국에서 흑인이나 유색 인종이 백인과 동등한 법적 권리를 누리지 못하도록 차별한 정책. '분리'를 뜻하는 아프리칸스어에서 유래했다.

아프리카민족회의(ANC)
아파르트헤이트에 반대했던 남아프리카공화국의 정당.

아프리칸스어
남아프리카공화국을 포함한 여러 아프리카 국가에서 쓰이는 언어.

야생동물 통로
동물이 인공 장애물로 분리된 하나 이상의 서식지를 안전하게 오갈 수 있게 하는 산울타리나 숲과 같은 형태의 자연 지형.

용어 설명

연골무형성증
평균보다 짧은 팔다리를 갖게 되는 유전성 질환.

연대
특정한 집단에 대한 지지와 동의.

연민
어려움에 처한 사람을 안타깝게 여기며 돕고 싶은 마음.

오모테나시
보상을 기대하지 않고 모든 사람을 배려와 존중으로 대하는 마음.

왜소증
연골무형성증 등의 유전성 질환으로 인해 평균보다 키가 작아지는 증상.

우분투
남아프리카 속담 "우문투 응구문투 응가반투(네가 있기에 내가 있고, 우리가 있기에 네가 있다)."에서 나온 말. 모든 사람은 연결되어 있기에 연민과 이해심으로 서로를 대해야 한다는 의미를 담고 있다.

운동가
정치 및 사회 문제를 변화시키기 위해 적극적으로 나서는 사람.

유전성 질환
성장이나 건강을 변화시킬 수 있는 개인의 유전자 이상.

이슬람의 다섯 기둥
무슬림이 일생 동안 실천해야 하는 이슬람교의 다섯 가지 주요 관행.

인(仁)
중국의 유가 철학에서 말하는 윤리 이념. 사람을 어질고 자비롭게 대하는 것.

인간 각인 현상
어릴 때부터 인간에게 양육된 동물이 자기도 인간이라고 믿는 현상.

인공 사육
인간이 포획하거나 부화한 동물을 어미 없이 직접 키우는 것.

인도주의
인류의 삶을 개선하기 위해 노력하는 사상이나 태도.

자유
외부의 구속에 얽매이지 않고 자기 마음대로 할 수 있는 상태.

자존감
인간으로서 자신의 가치에 대한 믿음과 존중.

용어 설명

자카트
이슬람의 다섯 기둥 중 세 번째로, 무슬림이 자선 단체에 기부할 것을 권장하는 관행.

줄기세포
신체의 다른 부위 세포를 만들 수 있는 세포의 한 종류.

중립
갈등에서 어느 쪽도 지지하지 않음.

중상
어떤 사람이 나쁜 대우를 받게 할 수 있는 거짓된 내용을 지어내거나 퍼뜨리는 것.

지하 철도
미국 남부의 흑인 노예들이 자유로운 북부로 탈출하기 위해 사용한 경로, 장소, 사람들의 비밀 연결망.

철학
세상이 돌아가는 방식이나 사람들을 대하는 방법에 관한 이론 혹은 신념.

카루나
연민.

카페 소스페소
이탈리아어로 '맡겨 둔 커피'를 뜻한다. 누군가 커피 두 잔 값을 내고 한 잔만 마시면 두 잔째는 돈이 없는 손님에게 공짜로 제공되는 관습.

트랜스젠더
성 정체성이 태어날 때의 신체나 사회의 기대와 일치하지 않는 사람.

해일
지진이나 기상 이변으로 인해 해저에서 발생하는 거대하고 매우 파괴적인 파도.

혈액 질환
사람의 혈액이 정상적인 기능을 하지 못하는 상태.

호르몬
신체 발달과 성장, 작동 방식을 조절하는 체내 화학 물질.

후방 사수
전투기 뒤쪽에 탑승하여 총기를 다루며 적기의 공격을 막아 내는 사람.

참고 자료

책

Aurelius, Marcus. *The Meditations*. New York, NY: 2002.
Born This Way Foundation (au.), Lady Gaga (intro.). *Channel Kindness: Stories of Kindness and Community*. London: 2020.
Bregman, Rutger. *Humankind: A Hopeful History*. London: 2019.
Burke, Sinéad (au.), and Byrne, Natalie (illust.). *Break The Mould: How to Take Your Place in the World*. London: 2020.
Frank, Anne. *Anne Frank: The Collected Works*. London: 2019.
Frank, Anne. *The Diary of a Young Girl*. London: 2007.
Hain, Peter. *Ad & Wal: Values, Duty, Sacrifice in Apartheid South Africa*. London: 2014.
Honderich, Ted (ed.). *The Oxford Companion to Philosophy*. Oxford: 1995.
Jawando, Danielle. *Maya Angelou (Little Guides to Great Lives)*. London: 2019.
Jazynka, Kitson. *DK Life Stories: Harriet Tubman*. London: 2019.
Moorehead, Carole. *Village of Secrets: Defying the Nazis in Vichy France*. London: 2015.
Ngomane, Mungi. *Everyday Ubuntu: Living Better Together, The African Way*. London: 2019.
The School of Life. *Big Ideas for Curious Minds: An Introduction to Philosophy*. London: 2018.

웹사이트

art.tfl.gov.uk/projects/acts-of-kindness
kindnessuk.com/global_research.php
mava-foundation.org
www.annefrank.org
www.anthonynolan.org
www.health.harvard.edu/blog/the-heart-and-science-of-kindness-2019041816447
www.randomactsofkindness.org/the-science-of-kindness
www.redcross.org.uk/about-us/our-history/the-beginning-of-the-red-cross
www.salviamolorso.it
www.theschooloflife.com
www.titanicinquiry.org

팟캐스트와 오디오 파일

Bellissimo, Sarina. 'Sinéad Burke – "Break The Mould,"' *The Bellissimo Files*. 20 October 2020.
Burke, Sinéad, and Lemonada Media. *As Me with Sinéad*. 2019–21.
Davis, Daryl. 'Why I, as a Black Man, Attend KKK rallies.' TEDxNaperville, 8 December 2017.
Hammond, Claudia. *The Anatomy of Kindness*. BBC Radio 4, 30 March 2022.
Marcus, Eric. 'Magnus Hirschfeld', *Making Gay History: LGBTQ Oral Histories from the Archive*. 25 October 2018.
Trocmé, Magda (interviewee), and Lewin, Rhoda G. (interviewer). *Oral history interview with Magda Trocme*. United States Holocaust Memorial Council, 2 October 1984.

소피에게.
너의 다정함과 친절은
내 마음에 영원한 감동으로 남아 있단다.

- 알렉산드라 스튜어트

다정함으로 세상을 바꿔요

1판 1쇄 2024년 5월 5일

지 은 이 알렉산드라 스튜어트
그 린 이 제이크 알렉산더
옮 긴 이 신소희

발 행 인 주정관
발 행 처 북스토리㈜
주   소 서울특별시 마포구 양화로7길 6-16
          서교제일빌딩 201호
대표전화 02-332-5281
팩시밀리 02-332-5283
출판등록 1999년 8월 18일(제22-1610호)
홈페이지 www.ebookstory.co.kr
이 메 일 bookstory@naver.com

ISBN 979-11-5564-336-5 73370

※ 잘못된 책은 바꾸어드립니다.

지은이 **알렉산드라 스튜어트**

어린이를 위한 논픽션을 씁니다. 영국의 옥스퍼드 대학교에서 현대사를 전공했으며 언론인, 연설문 작가, 홍보 담당자로 일했습니다. 『에베레스트: 에드먼드 힐러리와 텐징 노르가이 이야기』, 『점보: 역사상 가장 유명한 코끼리』 등의 책을 썼습니다.

그린이 **제이크 알렉산더**

에밀리카 대학교를 졸업하고 밴쿠버에서 살면서 일러스트레이터와 판화가로 활동해 왔습니다. 북유럽·그리스·일본·이집트 신화 그리고 공예품과 동물을 좋아합니다. 전통과 기술을 조화시킨 작품으로 많은 매체에 소개되었습니다.

옮긴이 **신소희**

서울대학교 국어국문과를 졸업하고 출판 편집자 및 번역가로 활동 중입니다. 옮긴 책으로 『피너츠 완전판』 『분리된 평화』 『아웃사이더』 『야생의 위로』 『캘빈과 홉스』 『세계 예술 지도』 『유년기를 극복하는 법』 등이 있습니다.